Breve historia de la literatura costarricense

ÁLVARO QUESADA SOTO

BREVE HISTORIA DE LA LITERATURA COSTARRICENSE

ECR

Breve historia de la literatura costarricense

Teléfono: (506) 2253-5354. Fax: (506) 2253-5091
Apartado postal: 10 010-1000 San José, Costa Rica
Correo electrónico: produccion@editorialcostarica.com
www.editorialcostarica.com

Dirección editorial y producción: Marianela Camacho Alfaro
Diseño de colección: Priscila Coto
Diseño, diagramación y portada: Felipe Fernández
Imagen de portada: *Tugurios* (detalle), ca. 1970, óleo sobre madera, 121.5 x 220.5 cm., de Rafael Ángel "Felo" García (Costa Rica, 1928). Colección: Banco Central de Costa Rica, San José, Costa Rica.

Primera edición, primera reimpresión:
Editorial Costa Rica, San José, 2010

CR860.9
Q5b

Quesada Soto, Álvaro, 1945-2001
Breve historia de la literatura costarricense / Álvaro Quesada Soto. – 1ª ed., 1ª reimpr. – San José: Editorial Costa Rica, 2010.
152 p.; 21 x 14 cm.

ISBN 978-9977-23-893-7

1. Literatura costarricense – Historia. I. Título.

DGB/PT 10-04

Contenido

Presentación

Amalia Chaverri
Gastón Gaínza

Centro de investigación en identidad y cultura latinoamericanas CIICLA

Cuando salió a la luz este libro, Álvaro Quesada Soto expresó que quedaba pendiente el último capítulo. Pasó el tiempo y partió para siempre, no sin antes haber cumplido su promesa: dejar listo ese Capítulo VI, titulado "Globalización y Posmodernidad" que ahora se incluye en esta nueva edición.

Entre tanto, algunos de sus contenidos aparecieron en otros espacios de publicación, a saber: en *Tópicos del Humanismo* (UNA, 2000) y en *la Revista Letras* Nº 32 (UNA, 2000).

Este Capítulo VI se publica con algunos ajustes de orden estrictamente tipográfico y práctico: a) se unificó y actualizó la norma intituladora y b) se incluyó el nombre del escritor en los casos en que aparecía únicamente el apellido; esto último, en beneficio de nuevos lectores y del carácter didáctico del texto, dirigido a un amplio público.

En relación con la totalidad de esta nueva edición de *Breve historia de la literatura costarricense*, se incluye un aparato de citas que no aparece en la primera versión, porque Álvaro decidió prescindir de las referencias bibliográficas en beneficio de una "lectura más atractiva y fluida", como afirma en la "Introducción" de esa versión que, pese a la contradicción explícita, hemos decidido mantener para ser fieles al texto original.

Se incluye igualmente, en el Capítulo V, el título *Libro Brujo* (1998) de Gerardo César Hurtado. Hubo que agregar, también, una "Bibliografía adicional" para dar cuenta tanto de los autores y textos usados como referentes en las notas que se incluyeron en esta nueva edición –según se explicó anteriormente–, como de aquellos que supuso la incorporación del sexto capítulo.

Al respecto, cabe hacer notar que en la "Introducción" de la primera versión del libro, Álvaro afirma que en él "solo se incluye a los autores nacidos antes de 1950 y que comenzaron a publicar antes de 1980". Con toda seguridad, en la segunda edición que Álvaro tenía en mente antes de morir, habría reescrito la "Introducción" para actualizarla en cuanto a sus nuevos contenidos.

Sirva esta nueva edición como homenaje a la memoria de Álvaro Quesada Soto, quien dedicó su vida –con innegable pasión– al estudio de nuestras letras y quien dejó una impronta imborrable en la reescritura de la historia literaria de Costa Rica.

Introducción

Todo ensayo que, como el presente, aspire a ofrecer una visión resumida y sintética de un amplio período de historia literaria, conlleva ciertas dificultades y limitaciones: implica un arduo trabajo de compresión, selección y poda. Sin embargo, un resumen o exposición abreviada no implica necesariamente la repetición adocenada y simplona de verdades consabidas o viejos lugares comunes; ni una exposición fragmentaria y deshilvanada; ni un simple catálogo descontextualizado e inconexo de nombres de autores, títulos de obras, fechas de publicaciones, nacimientos o defunciones. En este ensayo se ha procurado conciliar con cierto rigor académico, la incorporación de los datos provenientes de los estudios especializados más recientes y novedosos, con un lenguaje comprensible y una exposición amena y fluida, atractiva para cualquier lector no especializado. Por otra parte, se ha procurado también, dentro de los límites de un trabajo de este tipo, ubicar la historia de la literatura costarricense en el ámbito de la historia social y cultural del país donde se produjo.

Como toda historia literaria, este ensayo enfrentó también la necesidad de escoger ciertos criterios de agrupación o división que permitieran organizar y clasificar autores y textos individuales en períodos y promociones literarias: cortes y clasificaciones que siempre tienen algo de arbitrario al establecer división y orden donde solo existe una serie de textos. Para cumplir con ese requisito, tan arbitrario como imprescindible, aquí se ha tratado de combinar diversos criterios: para la agrupación y división de autores en diversas promociones, se ha procurado combinar las fechas de nacimiento de los autores, las fechas de publicación de sus obras y su filiación estético-ideológica; para la apreciación de los diversos períodos literarios se ha procurado combinar la visión panorámica de conjunto con la referencia a figuras y textos individuales. Es obvio que las apreciaciones referentes a autores contemporáneos, por su cercanía en el tiempo o por el hecho de que aún están en plena producción se hacen más tentativas y provisionales; por esa razón se ha preferido establecer un límite cronológico a este ensayo: solo se incluye a los autores nacidos antes de 1950 y que comenzaron a publicar antes de 1980. Al lector corresponde juzgar en qué medida esos propósitos eran los más pertinentes y en qué medida se lograron.

Finalmente, por la índole de este ensayo, dirigido a un público general, se ha preferido suprimir del texto todas las referencias bibliográficas para hacer su lectura más atractiva y fluida. Sin embargo, se incluye al final del volumen una *Bibliografía comentada* que ofrece una somera referencia a las principales fuentes de información general; en esos trabajos podrá encontrar el lector interesado mayores datos sobre autores, obras o temas específicos.

Capítulo I

El Olimpo: La forja de una identidad

Durante la colonia y casi todo el siglo XIX, la producción literaria en el territorio de lo que hoy es la República de Costa Rica fue poco importante. La primera imprenta apenas ingresó al país en 1830 y la publicación de libros se redujo mayoritariamente a textos didácticos, políticos o religiosos. Las primeras producciones literarias empiezan a imprimirse, de manera esporádica y limitada, en los periódicos que se publican hacia mediados del siglo XIX, pero el único género que tiene algún desarrollo consistente antes de finales de siglo es el cuadro de costumbres, concebido a imitación de Mariano José de Larra y del costumbrismo español e hispanoamericano, como descripción o comentario humorístico, pintoresco o satírico, de las costumbres sociales y políticas.

Solo a finales del siglo XIX se aprecia ya una preocupación y un esfuerzo sistemático por producir una literatura nacional costarricense: esa preocupación está íntimamente ligada al esfuerzo por construir una identidad nacional, proyecto colateral a la construcción de la Nación y del Estado liberal en las últimas décadas del siglo pasado. El proyecto de convertir a Costa Rica en una Nación independiente de Centroamérica se consolida en 1848 con la declaración de la República. Ese proyecto solo fue viable gracias a los nuevos recursos y posibilidades de crecimiento que generaba el negocio de la siembra y exportación del café que se consolida hacia mediados de siglo, al mismo tiempo que se proclamaba la independencia de Costa Rica. La exportación de café a Inglaterra inicia una paulatina pero inexorable transformación económica, política y cultural del país. Con la inserción en el mercado internacional ingresa el *progreso* capitalista y la *modernidad* europea, aunque no todos los sectores de la población tuvieron igual acceso al control del Estado o a las bondades del mercado, el progreso y la modernidad.

Durante las últimas décadas del siglo XIX una oligarquía cafetalera, que había logrado consolidar su posición hegemónica en el interior de la joven república mediante el control del financiamiento, beneficio y exportación del "grano de oro", procura consolidar también un Estado Nacional con sus correspondientes aparatos ideológicos uniformados bajo el signo del liberalismo político y del positivismo filosófico. Pero el dominio oligárquico en el interior del país es, a su vez, solo un reflejo del poder de las metrópolis industriales que dominan el mercado internacional: con respecto a ellas la oligarquía criolla aparece como un grupo subordinado, y la flamante nación se delinea como un pequeño país agrícola, dependiente y periférico con respecto a las relaciones de poder mundial.

Así, el proyecto de elaboración de un discurso nacional oligárquico, se gesta en medio de múltiples resistencias y contradicciones. En primer lugar, hay una tensión entre el proyecto civilizador de la oligarquía liberal y su modelo de cultura y realidad nacionales, frente a los choques y resistencias de los grupos subordinados cuyas culturas y formas de vida ese modelo tendía a reprimir, marginar o excluir. En segundo lugar, hay también una tensión en el propio proyecto nacional oligárquico, que oscila entre la identificación y la asimilación con los modelos metropolitanos –europeos al principio o estadounidenses más tarde– y el esfuerzo por consolidar la autoimagen de nación independiente y autónoma, con identidad y cultura propias e inalienables. De todo lo anterior se desprende una contradicción en los discursos y prácticas del liberalismo oligárquico, incapaz de conciliar su apego a la "tradición" heredada –que le garantiza la conservación de importantes privilegios– con las exigencias de modernidad y progreso capitalistas, que exigen el sacrificio de valores y costumbres tradicionales para insertarse con éxito en el mercado internacional. En este sentido la oligarquía se concibe como la abanderada de un proyecto civilizador, que aboga por la educación, el progreso y el liberalismo, enfrentada a lo que percibe como lastres tradicionales: los privilegios y dogmatismos eclesiásticos, o la ignorancia y las supersticiones populares. Estos hechos, sin embargo, tienden a generar también una relación compleja y conflictiva entre una cultura popular y campesina y la cultura de la elite urbana; entre una cultura en gran medida oral, tradicional y religiosa, por un lado; y una cultura de hombres letrados, ligada a las representaciones occidentales modernas de civilización y progreso burgueses, en la oligarquía o los grupos educados urbanos.

Al finalizar el siglo, la modernidad muestra una nueva faceta amenazante. Las crisis provocadas por el descenso de los precios del café en el mercado internacional; las repetidas intervenciones políticas y militares de los Estados Unidos en Latinoamérica, especialmente a partir de 1898; la consolidación en Costa Rica de un enclave bananero-ferrocarrilero más poderoso que el propio Estado nacional; llevan a sospechar que el progreso carga en su seno el germen de la enajenación: la sujeción del proyecto nacional a las demandas del proyecto globalizador de las metrópolis.

Las transformaciones provocadas por el proceso de consolidación del Estado nacional y la construcción de la Nación abarcaron todos los ámbitos. Las leyes, los códigos, la educación, la vida cotidiana, el imaginario colectivo, hasta el aspecto físico de la ciudad capital, cambiaban radicalmente. En las dos últimas décadas del siglo XIX se consolida la producción de héroes y gestas, himnos patrióticos, monumentos e instituciones; de una historia, una mitología, una cultura y una literatura nacionales. Se inauguran los monumentos –importados de Francia– que enaltecen la memoria del héroe y la gesta nacionales: la estatua de Juan Santamaría, erigida en Alajuela en 1891; el Monumento Nacional en conmemoración de la guerra de 1856, erigido en el Parque Nacional –hasta entonces Plaza de la Estación– en 1895. Se fundan también las instituciones encargadas de fomentar o conservar la cultura y el patrimonio nacionales: el Archivo Nacional (1881), el Museo Nacional (1887), la Biblioteca Nacional (1888), el Teatro Nacional (1897).

Paralelamente se desarrolla un acelerado proceso de urbanización que transformó en pocos años la ciudad de San José, eje transmisor del proceso de modernización del país. Un escritor norteamericano que visitó Costa Rica en los primeros años de este siglo describía a San José como "una metrópolis en miniatura", y señalaba cómo a pesar de su pequeñez mostraba "signos de progreso por todas partes": alumbrado eléctrico, tranvía eléctrico, telégrafos, teléfonos, ferrocarriles y un Teatro Nacional "tan hermoso y tan bien provisto como cualquier teatro de Nueva York". No obstante, las fronteras que demarcaban los límites entre la incipiente urbe y los cafetales y potreros aledaños eran difusas; las costumbres y paisajes urbanos no se distinguían netamente de las tradiciones y parajes rurales que los circundaban y complementaban; la mentalidad urbana y los discursos de la modernidad letrada no habían roto por completo sus ligámenes con las culturas orales, la mentalidad rural, y los valores tradicionales o campesinos: si bien la ciudad se percibe como un campo de fuerzas e intercambios sociales distinto del mundo rural y campesino, lo que predomina en el imaginario cultural de los josefinos de principios de siglo, es más bien una compleja red de oposiciones e interrelaciones que enlaza y separa al mismo tiempo, la incipiente metrópolis y su entorno rural, la tradición y el progreso. El tema de las relaciones entre el espacio rural y el espacio urbano, como campos de fuerzas sociales que se oponen y entrelazan en compleja urdimbre, es uno de los más frecuentes en la literatura costarricense de principios del siglo XX.

Los diarios y las revistas culturales que se consolidan hacia finales de siglo, contribuyen también desde sus páginas, donde se confunden las noticias y producciones literarias nacionales e internacionales, donde se difunden las fotografías y grabados que van conformando una iconografía nacional, a crear el sentimiento de comunidad nacional compartida. La producción, importación y circulación de libros y folletos también sufre un cambio cualitativo a partir de 1880: desciende sustancialmente la proporción de textos oficiales y devotos, mientras aumenta el peso de las obras científicas, los ensayos sociales y las obras literarias. Junto a los textos de los escritores de moda en Europa, circulan a partir de 1890 los primeros libros de literatura nacional y los primeros libros anarquistas y socialistas, entre el escándalo de la Iglesia y los que velan por la tradición.

Por otra parte, la fundación de diversos teatros en las décadas que bordean el cambio de siglo (Variedades, Nacional, Moderno, América, Trébol, etc.), inscribió a Costa Rica en los circuitos de los artistas y compañías internacionales, que viajaban regularmente de gira por el continente americano. La presencia de las compañías fomenta el desarrollo de empresas, empresarios, aficionados y diversos tipos de público. En los bordes del siglo se estrenan también las primeras obras teatrales de autores costarricenses como Emilio Pacheco,

Carlos Gagini, Ricardo Fernández Guardia, Daniel Ureña y otros, que procuran elaborar una dramaturgia nacional. Hacia principios de siglo se introduce también un nuevo tipo de espectáculo: el cine, cuya influencia en la modernización y transculturación del imaginario colectivo de las masas urbanas será fundamental durante todo el siglo XX .

La elaboración y puesta en escena del modelo nacional oligárquico corre a cargo de una elite letrada de intelectuales, políticos, maestros, historiadores y escritores, que en Costa Rica se acostumbra llamar con un nombre significativo: *El Olimpo*. Mientras los políticos se encargan de montar el nuevo Estado liberal, con sus leyes, códigos e instituciones en las dos últimas décadas del siglo XIX, los otros intelectuales se encargan de elaborar la nueva mitología oficial costarricense, con sus héroes, gestas y monumentos; con su historia, su cultura y su literatura nacionales.

A este grupo pertenece la primera promoción de escritores costarricenses, que la crítica ha venido a considerar como los "clásicos" de la literatura nacional: son los primeros que discuten sobre las posibilidades o características de esa literatura; los primeros que publican libros y revistas literarias; los primeros que elaboran modelos sistemáticos de representación literaria de la realidad nacional, partiendo de criterios de exclusión o distribución jerárquica de los discursos y los grupos sociales según los géneros y las funciones literarias. Constituye esta primera promoción –la llamada "generación del Olimpo"– una serie de escritores, nacidos en las décadas de 1850 y 1860, entre los que figuran Manuel de Jesús Jiménez (1854-1916), Pío Víquez (1850-1899), Jenaro Cardona (1863-1930), Manuel González Zeledón (*"Magón")* (1864-1936), Carlos Gagini (1865-1925), Aquileo J. Echeverría (1866-1909), Ricardo Fernández Guardia (1867-1950). Algunos de esos autores y otros contemporáneos suyos, figuraron en el primer libro de contenido literario editado en Costa Rica: *La lira costarricense,* antología de poesía nacional en dos tomos publicados en 1890 y 1891. Con excepción de la poesía costumbrista de Echeverría la poesía de esta promoción no supera los viejos estereotipos decimonónicos del neoclasicismo y el neorromanticismo; es en la prosa donde aparecen los principales logros de esta promoción. Gran parte de los autores practicaron también el periodismo que tuvo un inmenso auge y difusión hacia finales de siglo: entre los periodistas descuella la figura de Pío Víquez, fundador de *El Heraldo de Costa Rica,* autor de artículos de costumbres, relatos de viaje y crítica social y política, cargados de ingenio, humor e ironía.

Jiménez, hijo y hermano de presidentes, candidato él mismo a presidente y varias veces diputado, publicó en 1902 una serie de *Cuadros de costumbres* históricos en los que intentó resumir su visión del desarrollo costarricense desde finales de la colonia hasta los inicios de la República independiente. Cardona, quien se desempeñó como empleado público y diplomático, inició su actividad literaria como poeta y la finalizó como autor de dos de las principales novelas de su promoción: *El primo* (1905) y *La esfinge del sendero* (1916). Gagini, que trabajó toda su vida como maestro, realizó importantes investigaciones sobre los idiomas indígenas y el lenguaje vernáculo costarricense, al tiempo que cultivaba casi todos los géneros literarios: es autor de un volumen de poesías, dos volúmenes de cuentos *(Chamarasca,* 1898 y *Cuentos grises,* 1918), tres novelas (*El árbol enfermo*, 1918; *La caída del águila*, 1920; *La sirena*, 1920) y varias obras dramáticas escritas entre 1890 y 1920. Fernández, político y diplomático, uno de los fundadores de la historiografía costarricense, escribió tres volúmenes de cuentos (*Hojarasca,* 1894; *Cuentos ticos,* 1901; *La miniatura*, 1920), una comedia *Magdalena* (1902) y un volumen de *Crónicas coloniales* (1921), antes de abandonar la literatura para dedicarse a la investigación histórica. González, más conocido por su seudónimo de Magón, periodista, empleado público y diplomático, escribió a partir de 1895 una cantidad considerable de pequeños relatos costumbristas, con los que introdujo en la literatura nacional la estilización del lenguaje y las costumbres populares. Echeverría, al que Rubén Darío denominó "el poeta de Costa Rica", periodista, bohemio, empleado público y pulpero, constituye con su primo Magón el gran binomio costumbrista de la literatura costarricense. Aunque escribió poesía variada es conocido especialmente por su volumen de *Concherías* (término derivado de la palabra "concho", designación despectiva del campesino), colección de romances costumbristas que procuran la estilización del lenguaje oral y las tradiciones campesinas y populares. Publicado en 1905, es considerado uno de los primero clásicos de la literatura costarricense.

El período de juventud y formación de estos escritores coincide con la etapa de consolidación del Estado, bajo la égida de la oligarquía liberal en la década de 1880. Así, el papel histórico, literario e ideológico que cumplieron esos autores, consistió en elaborar un modelo de literatura nacional que respondiera al proyecto nacionalista y civilizador que se iniciaba bajo el signo del liberalismo oligárquico.

Las tensiones, dificultades y contradicciones propias de la elaboración del discurso nacional oligárquico, se hacen patentes en la que podría considerarse como la primera discusión teórica sobre la literatura nacional. Se trata de la llamada "polémica sobre nacionalismo literario", que se inicia en 1894 a raíz de la publicación de *Hojarasca* de Fernández Guardia –primer libro de cuentos de un autor nacional– y se reaviva en 1900 a raíz de la publicación de *El Moto* de García Monge, considerada por algunos la primera novela nacional. Los textos de la polémica, que enfrentaron a nacionalistas o criollistas y a cosmopolitas o modernistas, replantearon las dudas, inherentes al discurso nacional, entre la identificación con los patrones de la modernidad occidental, concebidos como formas universales de civilización y cultura, o el esfuerzo por elaborar un modelo de cultura nacional que incorporara elementos propios de la vida costarricense o que respondiera a las particularidades del proyecto nacional oligárquico. Si bien la polémica muestra diversas posiciones que van variando a lo largo del tiempo, lo que se plantea como cuestión central es el problema del tratamiento de temas nacionales guardando un "punto de vista artístico": cómo conciliar los modelos literarios europeos, reconocidos como paradigma universal de literatura "culta" o "artística", con la modelización de la realidad nacional. La imagen de la realidad nacional elaborada por la literatura del Olimpo se reduce al Valle Central –hábitat de la oligarquía cafetalera– y excluye los espacios propios de las culturas indígenas, las culturas afrocaribeñas de la zona bananera del Atlántico o las regiones ganaderas y mineras del norte del país. Esa exclusión facilitaba la identificación oligárquica con la cultura europea y fortalecía la imagen de un país de homogeneidad racial y cultural, bajo el patrón de una nación occidental civilizada.

Los autores de la generación del *Olimpo* ofrecen en sus textos la imagen de una sociedad en transición donde coexisten, sin asimilarse ni excluirse plenamente, dos discursos sociales opuestos: el discurso de la tradición y el discurso de la modernidad. Entre ambos se establecen complejas relaciones dialógicas que les confiere valoraciones ambivalentes, según se opongan o combinen desde diversos puntos de vista.

El discurso tradicional aparece en estos textos asociado a la conservación de ciertas *tradiciones y costumbres* que tienen un carácter casi ritual, que permiten escasa movilidad social y que exigen la subordinación de la conciencia individual a la autoridad de la costumbre. Las costumbres tradicionales aparecen, por una parte, como índice de identidad y armonía, su conservación garantiza y legitima el orden y el concierto sociales o la integridad moral; pero pueden aparecer también, vistas desde otro ángulo, como signo de inercia, caducidad y conservatismo, lo que lleva a la decadencia y a la incapacidad para adaptarse a un mundo en rápido cambio y transformación.

El discurso de la modernidad, por otro lado, aparece asociado al individualismo, al crecimiento de las relaciones mercantiles, al poder del dinero y a la disolución de los vínculos tradicionales. La modernidad puede aparecer, por una parte, como signo de libertad y de progreso; pero también, por otra parte, como índice de descomposición moral y social, de libertinaje o enajenación, como agente de ideas y costumbres exóticas que conducen a la pérdida de la identidad nacional.

En los textos del *Olimpo*, oligárquico y liberal, aristocrático y burgués, los dos discursos y puntos de vista no aparecen como excluyentes, ni el proceso de transformación social adquiere una valoración unívoca; más bien aparecen sujetos a diversos grados de ambivalencia. A pesar de que la mayoría de los escritores de esta promoción se definen ideológicamente como "liberales", sus textos literarios expresan desconfianza hacia las consecuencias sociales y morales del individualismo burgués, el progreso capitalista, el crecimiento de las relaciones mercantiles y la disolución de la sociedad tradicional. La vida costarricense aparece entonces, en los textos del *Olimpo*, como un mundo social en trance, donde los antiguos valores y costumbres tradicionales, al mismo tiempo que se añoran, se manifiestan en proceso de descomposición, corroídos por las nuevas relaciones y valores de la modernidad capitalista.

Las diversas posiciones y actitudes ante ese proceso generan, en los textos de los escritores del *Olimpo*, una serie de temas tópicos que se repiten o entremezclan con distintas variaciones. Un primer tema, propio de los "cuadros de costumbres" y las "tradiciones" y "crónicas" históricas, está constituido por una reproducción sujeta a cierto grado de ambivalencia –entre la idealización nostálgica y el distanciamiento irónico o burlón– de ciertas anécdotas, tradiciones y costumbres patriarcales o campesinas que el texto ofrece como representación de una añorada "edad de oro", el paraíso perdido o a punto de perderse, de los valores y tradiciones nacionales. Según la posición social o ideológica de los autores, esa "edad de oro" podía ubicarse en el pasado histórico colonial (*Crónicas coloniales* de Fernández Guardia), el pasado histórico republicano (*Cuadros de costumbres* de Manuel de Jesús Jiménez), la infancia del autor (relatos costumbristas de Magón), o el mundo de los ritos y tradiciones de la vida campesina (*Concherías* de Aquileo J. Echeverría).

Con respecto a las posiciones europeístas o academicistas, el costumbrismo de Magón y Aquileo amplía los límites del discurso literario costarricense, al incorporar las culturas y los lenguajes orales y populares ajenos a la cultura letrada. Pero la capacidad de esos discursos para expresar otra visión del mundo, capaz de dialogar con la visión "culta" y confrontarla, queda en estos textos estrictamente limitada. El texto establece una sensible distancia jerárquica entre el discurso y el punto de vista del narrador "culto" y los discursos y costumbres "incultos", pintorescos y primitivos, marginales y subordinados, de sus personajes populares. Los discursos, como las clases sociales, se tocan e intersectan, pero no interactúan ni dialogan en el texto en el mismo plano: es desde el punto de vista del narrador "leva" que se observa, describe y valora –entre la idealización nostálgica y la superioridad burlona– las costumbres pintorescas de los "conchos".

En forma paralela a esta evocación de la "edad de oro", aparece una segunda temática complementaria, elaborada por relatos, novelas y textos dramáticos que procuran ofrecer una representación "realista" de los problemas morales y sociales que planteaba la sustitución de las costumbres tradicionales por las nuevas prácticas de la modernidad. La "realidad", por supuesto, se confunde en estos textos con la imagen oficial de la nación elaborada por los intelectuales del *Olimpo.*

En términos generales, todas estas obras tienden a la idealización de un núcleo familiar oligárquico-patriarcal, un "nido de hidalgos" criollo, cuya conservación se identifica con la defensa de un sistema de valores tradicionales que los textos privilegian como *nacionales.* Se establece de esa manera una homología entre familia oligárquica y nación, que asimila el dominio ejercido por el padre sobre su mujer, sus hijos y su patrimonio, con el dominio político-social ejercido por el patriarcado oligárquico sobre *sus* mujeres, *su* pueblo y *su* nación. El dominio y las relaciones de poder se asocian así a las nociones de propiedad, orden natural, amor y armonía familiares, amenazadas por la anarquía o el libertinaje asociados a la introducción de costumbres exóticas, deletéreas y subversivas.

Ese esquema privilegia una formación social elitista, jerárquica y represiva, que controla desde la vida sexual y las uniones matrimoniales y familiares, hasta las relaciones sociales, económicas y políticas. Las leyes no explícitas que el texto privilegia como garantía de funcionamiento del orden social se basan en una serie paradigmática de oposiciones, que implican la sujeción de la mujer al varón; de los hijos a los padres; del placer sexual al matrimonio y la procreación; del campesino y la cultura popular, a la oligarquía y la elite letrada; de la conciencia individual a la Ley resguardada por la costumbre y la tradición. La fidelidad a esas leyes tradicionales aparece en los textos como garantía de identidad nacional y moralidad; el rechazo o la ruptura, remiten en esos textos al caos y la enajenación, la descomposición moral o la disgregación social.

Como norma general, en estos textos la sumisión femenina a su papel doméstico y a la autoridad masculina –sumisión fortalecida por el estereotipo de la mujer como ser "histérico" o "neurótico" incapaz de controlarse a sí misma– y las representaciones ideológicas que ligan el "honor" de la familia al control que deben ejercer los varones sobre la virginidad y la sexualidad de las mujeres, aparecen también como garantía de conservación de la moral y la identidad *nacionales*. El papel de la mujer se asemeja, en estos textos, al papel del campesino en los cuadros costumbristas de la época: ambos aparecen sujetos a una tipificación que los convierte en representantes de la identidad nacional, siempre que se mantengan fieles al papel ritual subordinado que les asignan las tradiciones y costumbres establecidas; pero se convierten en una amenaza a la identidad nacional y al orden social, cuando rompen con el papel que les asigna el rito y la costumbre, para actuar como sujetos emancipados y autónomos.

Pero es necesario reiterar que estos textos expresan, al mismo tiempo que el deseo por preservar las añejas tradiciones y costumbres, también su caducidad y disolución; al mismo tiempo que el esfuerzo por construir un discurso nacional acorde con los estereotipos oligárquicos, también las dificultades y resistencias de la compleja vida social y cultural costarricense para dejarse apresar en ese modelo.

La temática de la descomposición social y la pérdida de la identidad nacional, asociada a la desintegración del núcleo familiar oligárquico-patriarcal, se combina en los textos literarios del *Olimpo* con una serie de motivos que se procurará deslindar a continuación, aunque es necesario tener en cuenta que en los textos aparecen siempre imbricados, entremezclados e interrelacionados unos con otros.

Un motivo importante en estos textos es el del placer sexual y la relación erótica extramarital o heterogámica como elementos que amenazan el orden social, la unión familiar y la moralidad. En las obras de Gagini, Cardona o Magón este motivo se manifiesta frecuentemente en forma de una escisión entre el apego a una vida virtuosa y apacible, garantizada por el respeto a las convenciones socio-morales establecidas, y la tentación instintiva por la pasión o el libertinaje, que incita a romper con esas convenciones y afrontar los riesgos de una transgresión que conduce indefectiblemente a la ruina y el extravío. En *La esfinge del sendero* de Cardona, el motivo del eros disociador, corruptor de la moral y el orden social, se asocia con el apego a ciertos dogmas y prejuicios clericales –principalmente el celibato sacerdotal– que desvían o pervierten las relaciones erótico-familiares legitimadas como "normales" o "naturales" por el orden liberal-oligárquico.

En *El árbol enfermo, La sirena, A París, Los pretendientes* de Gagini, *Magdalena* de Fernández Guardia o *El problema* –novela del guatemalteco Máximo Soto Hall publicada en San José en 1899– el motivo erótico se asocia con otro también frecuente: el de la seducción o la "absorción" ejercida sobre los miembros de la comunidad nacional por ciertas ideas y prácticas "exóticas" –libertinas o mercantilistas– provenientes del extranjero. Las novelas *El problema, El árbol enfermo* y *La caída del águila* constituyen una peculiar trilogía en donde el motivo de la seducción erótica se utiliza como representación simbólica del proceso de "absorción" cultural, económica y política de Costa Rica por parte de los Estados Unidos, país que se perfilaba después de 1898 como la nueva metrópoli y el nuevo poder imperial que desplazaba a Europa. En la exposición de este motivo reaparece la ya mencionada ambivalencia oligárquica entre lo propio y lo ajeno. El extranjero –el empresario yanqui– es al mismo tiempo una voz aliada que introduce la civilización y el progreso y una voz ajena y hostil que amenaza con la enajenación y la pérdida de la identidad nacional; el extranjero al mismo tiempo que seduce y atrae, aliena y destruye.

En *El primo*, el motivo erótico y el de la seducción del extranjero, se asocian con otro motivo frecuente en la literatura del *Olimpo*: la amenaza que constituye para las tradiciones y costumbres oligárquico-nacionales, el poder económico del campesino enriquecido o "gamonal". La conciencia del gamonal aparece en la literatura del Olimpo como un campo de fuerzas contradictorias donde se enfrentan y entrelazan el sumiso campesino tradicional (el mítico "labriego sencillo" del Himno Nacional) y el advenedizo nuevo rico pequeñoburgués. Los textos del Olimpo tienden a sugerir la incapacidad del gamonal, por su deficiente formación cultural y su carencia de educación, para administrar adecuadamente su poder económico. En sus toscas manos, el poder del dinero y sus ambiciones de ascenso socio-político, se convierten en una amenaza a la integridad moral y al orden social, garantizados por el matrimonio endogámico, la familia patriarcal y la posición subordinada del campesino. Las pretensiones de los gamonales, que procuran utilizar su poder económico como instrumento de ascenso social y político –a menudo mediante el matrimonio con un miembro de la oligarquía– desencadenan siempre un proceso de degradación socio-moral y generan siempre un tratamiento irónico o satírico, cuando no abiertamente despectivo, en los textos del Olimpo. Además de la novela *El primo*, varios otros textos desarrollan también este motivo: *La propia* de Magón, *Don*

Concepción de Gagini o *El hijo de un gamonal* de Claudio González Rucavado, también se insinúa en la comedia *Magdalena* de Fernández Guardia.

El motivo erótico, asociado a los motivos del gamonal transgresor y de la influencia sediciosa del extranjero, se asocian a menudo con otro motivo central en la literatura del *Olimpo*: el poder del dinero –sin el adecuado control ejercido por la educación y las costumbres oligárquicas– como elemento corruptor y disociador de las leyes y tradiciones nacionales. En la literatura del *Olimpo*, la ausencia de represión sobre la potencia del sexo y del dinero, sobre las pulsiones libertinas y mercantilistas, ambas concebidas como costumbres "exóticas", extranjeras o plebeyas, aparecen como la principal amenaza a las leyes y tradiciones que legitiman el orden oligárquico y la identidad nacional. Además de los textos ya citados, donde el poder del dinero aparece ligado a la figura del gamonal o a la influencia del extranjero, este motivo se desarrolla en varios otros textos narrrativos y dramáticos de Gagini como *La bruja de Miramar, Don Quijote se va, La leyenda del prestamista, Los pretendientes* o *El candidato.*

Finalmente, el motivo erótico, asociado con el motivo del gamonal transgresor y el del nuevo poder utilitario y sedicente del dinero, se asocian con otro motivo habitual en la literatura del Olimpo: el de las relaciones entre el campo y la ciudad. El campo, la hacienda cafetalera o el "labriego sencillo", aparecen concebidos casi siempre como santuario de la familia y las costumbres tradicionales, baluarte de la identidad nacional, contrapuestos a la ciudad, los gamonales y los grupos urbanos extranjerizantes, fermento de nuevas fuerzas e intercambios sociales donde se disuelven o corrompen los valores y vínculos tradicionales.

El primo de Cardona enlaza todos estos motivos: Beltrán, el extranjero corruptor, millonario y libertino, deshonra a Matilde, la joven veleidosa que rompe con las convenciones de la moral patriarcal, seducida por la riqueza y el poder erótico del primo extranjero. Para que repare la deshonra de Matilde, Beltrán "compra" también a Trillito, joven gamonal que abandona su familia, su pueblo y su "sencillez" campesina, dominado por la ambición incontrolada que despierta en él la fortuna de su padre y la licenciosa vida urbana. El motivo del campo y la ciudad, asociado a algunos de los otros motivos antes mencionados, subyace también en *Don Concepción, La sirena, La propia* y más tangencialmente en *La esfinge del sendero.*

En los textos del Olimpo los conflictos sociales, políticos e ideológicos, tienden a resolverse en un punto conciliatorio donde se equilibren la "tradición" heredada y el "progreso" capitalista. El mantenimiento de ese equilibrio evita la caída en los excesos disolventes del individualismo mercantilista o libertino, el socialismo sedicente o los extravíos feministas, doctrinas o prácticas que en los textos se conciben como "exóticas": introducidas desde el extranjero y solapadas bajo la seductora envoltura de la modernidad y del progreso, esconden en su seno el germen que lleva a la disolución de la identidad nacional.

Pero, más allá de los mecanismos de exclusión y represión, de los desgarramientos y las dudas, de las identificaciones y los rechazos que procuran legitimar la dominación oligárquica, en los textos de la promoción del Olimpo se expresan también los sueños, temores y utopías de la flamante nación, pequeña, dependiente y débil, que se esfuerza por modelar una identidad propia en un mundo dominado por poderes ajenos.

Capítulo II

LA UNIDAD ESCINDIDA

La madurez de los escritores de la promoción del *Olimpo* coincide con la juventud de una segunda promoción –en ocasiones llamada "generación del *Repertorio Americano*" (Rojas *et al.* 1995)– cuyas producciones iniciales comienzan a circular en las dos primeras décadas del siglo. Entre sus miembros figuran los poetas y narradores: Roberto Brenes Mesén (1874-1947), Rafael Ángel Troyo (1875-1910), José María (*"Billo"*) Zeledón (1877-1949), Lisímaco Chavarría (1878-1913), Joaquín García Monge (1881-1958), Carmen Lyra (1888-1949) Luis Dobles Segreda (1889-1957); los dramaturgos: Daniel Ureña (1876-1932), Eduardo Calsamiglia (1880-1918), José Fabio Garnier (1884-1956); los ensayistas: Omar Dengo (1888-1928), Mario Sancho (1889-1948).

Si el período de formación de la generación del *Olimpo* coincide con la edificación eufórica del estado liberal oligárquico, la nueva promoción se forma durante las primeras crisis y desgarramientos del régimen liberal y del capitalismo agrario. Durante su adolescencia y juventud tiene lugar la consolidación del enclave bananero y la apropiación del Ferrocarril al Atlántico por la United Fruit Co.; la crisis de 1914, provocada por el cierre de los mercados europeos al iniciarse la I Guerra Mundial; la crítica al Estado liberal y las reformas tributarias propuestas por el presidente Alfredo González Flores (1914-1917); la dictadura de Tinoco (1917-1919) alentada por la oligarquía liberal para combatir esas reformas. Al desgarramiento provocado por las crisis y conflictos económicos y sociales internos, se sumó el desconcierto provocado por las graves transformaciones y acontecimientos históricos internacionales: la I Guerra Mundial, la Revolución Mexicana, la Revolución Rusa o las crecientes intervenciones políticas y militares de los Estados Unidos en el Caribe y Centroamérica.

Esas crisis económicas y políticas coinciden con amplias transformaciones en la sociedad costarricense. En las primeras décadas del siglo se inicia un proceso de expansión del capital a nuevas áreas de la producción agrícola e industrial, el comercio y las finanzas, mientras se acentúa al mismo tiempo la concentración y la centralización de capitales. La añeja *oligarquía cafetalera*, semiaristocrática, tiende a convertirse en una nueva *oligarquía burguesa* propiamente dicha (Acuña y Molina 1986). En forma paralela, desde finales del siglo XIX se había iniciado un creciente proceso de expropiación de los pequeños propietarios campesinos por parte de los grandes cafetaleros. A principios de siglo se percibían ya evidentes signos de proletarización, fenómeno que afectaba a campesinos desposeídos, transportistas sustituidos por el ferrocarril y artesanos desplazados por los productos de importación o las incipientes manufacturas e industrias. En las ciudades y especialmente en San José, aparece un nuevo grupo social: una "plebe" urbana constituida por artesanos, trabajadores asalariados y otros empleados víctimas de la marginación, los bajos salarios, la explotación de la mano de obra femenina e infantil, la inseguridad laboral y el desarraigo.

Con la aparición de esa plebe urbana se planteó también la "cuestión social" en Costa Rica: surgieron los primeros esfuerzos de afirmación cultural, de organización política alternativa y de lucha por el mejoramiento de la vida popular.

Estos grupos de trabajadores urbanos forman las primeras organizaciones gremiales y sindicales, publican periódicos y revistas e inician las huelgas, luchas y protestas populares, para lograr reformas económicas, políticas y sociales que les garanticen trabajo, un salario justo, una voz en el concierto nacional y el derecho a una vida mejor y más sana.[1] A ellos se unen algunos intelectuales radicalizados (Quesada 1988, Morales 1993), casi todos escritores y maestros, cuyas concepciones ideológicas –que ellos mismos califican indistintamente de "libertarias", "ácratas", "anarquistas" o "socialistas"– se acercan a las aspiraciones de justicia social y renovación política que defienden los grupos populares que se reconocen como "artesanos", "obreros" o "proletarios". Los jóvenes "ácratas" se agruparon alrededor de las revistas *Vida y verdad* (1904) o *Renovación* (fundada en 1911) y del *Centro de Estudios Sociales Germinal* (fundado en 1912); este último organizó cursos, conferencias y una biblioteca para los obreros. Entre los fundadores del Centro Germinal figuran varios de los escritores de la nueva promoción que iniciaban su carrera literaria, como García Monge, Billo Zeledón, Carmen Lyra, Rómulo Tovar y Omar Dengo.

Las concepciones ideológicas de esta segunda promoción se alejaron del liberalismo y el positivismo de la promoción del *Olimpo,* para buscar en el espiritualismo teosófico, el decadentismo europeo del cambio de siglo, el idealismo difundido por el *Ariel* de Rodó, que oponía la "espiritualidad" latina al utilitarismo sajón de los yanquis, al anarquismo de Kropotkin o al cristianismo socialista de Tolstoi, nuevos modelos de orden social y convivencia humana, que pudieran

---

1 Sobre los movimientos populares artesano-obreros y las luchas sociales e ideológicas de esta época, ver: de la Cruz 1980 y 1985; Fallas 1983; Oliva 1985; Acuña 1986; CENAP 1986.

oponerse tanto al tradicionalismo oligárquico –con su concepción autoritaria del orden social– como al mercantilismo burgués –con su concepción pragmática y utilitaria de las relaciones humanas–.

En las representaciones de estos jóvenes autores de principios de siglo se advierte una disyunción entre el progreso económico ("material") y el progreso social y humano ("espiritual") o entre el orden objetivo y la vida interior o subjetiva. El sistema de tradiciones y costumbres que legitimaban el orden social y las relaciones de poder idealizadas como "edad de oro" por el *Olimpo*, garantía de identidad y moralidad en esos textos, comienza a aparecer en los textos de los jóvenes autores bajo un nuevo aspecto: un sistema de convenciones sociales y morales que se impone arbitrariamente al sujeto y funciona como instrumento de opresión y represión, de frustración, crueldad o injusticia (Quesada 1988, Morales 1993).

Los escritos de García Monge, Zeledón o Dengo denunciaban en los "valores tradicionales" y los "cultos oficiales", su aspecto "ficticio y nocivo"; en sus representantes, "hombres tiránicos y retrógrados"; en sus aparatos políticos e ideológicos, "instituciones cadavéricas"; en el "orden social" imperante, la manifestación de un "principio de autoridad" que se impone "a costa de la humanidad...a costa de la libertad y la vida de los hombres". En los discursos de García Monge se proclamaba la necesidad de sustituir los "cultos oficiales" por "otros cultos más naturales, más hermosos y más justos"; en los poemas del libro *Musa nueva* (1907) de Zeledón –obra que puede ser considerada el inicio de la poesía social en Costa Rica– se expresaba la urgencia de alzar un "hacha redentora" que destruyera "los bosques de añejas tradiciones"; su poema más célebre *Los elefantes* comparaba las fuerzas opresas del pueblo con la fuerza de los elefantes domesticados por sus amos y llamaba a los pueblos a redimirse de las cadenas de sus opresores.

A diferencia de la promoción del *Olimpo*, que debió consolidar una práctica literaria nacional sin contar con modelos previos, la segunda promoción parte del modelo elaborado por la primera, procurando asimilarlo, reformularlo o polemizar con él. Si bien en los autores de la segunda promoción se advierte la misma oscilación del *Olimpo* entre el esfuerzo por construir modelos de realidad y literatura nacionales y la necesidad de apropiarse de las pautas europeas o "universales", sus textos muestran diversos grados de desplazamiento o reorientación polémica con respecto a los modelos del *Olimpo*, tanto en su apropiación de textos extranjeros como en la elaboración de los modelos de realidad e identidad nacionales.

Los jóvenes autores recogen la crítica social del naturalismo francés y del realismo ruso o escandinavo; el gusto por lo nuevo y lo raro, del decadentismo y el simbolismo europeos o el modernismo hispanoamericano; recogen también la preocupación "mundonovista" por indagar en las peculiaridades de la identidad nacional o latinoamericana. El cosmopolitismo de esta promoción es más elaborado y extendido que en la promoción del *Olimpo*. En autores como Troyo o Roberto Valladares (1883-1920), se esboza una nueva concepción del escritor como *bohemio* que convierte la literatura en una forma particular de vida, opuesta a las convenciones de la vida aldeana y burguesa. Brenes Mesén, el más importante poeta de este período, considerado el introductor del modernismo en la poesía costarricense, desarrolla en sus poemas y ensayos una intensa búsqueda formal, léxica, rítmica y metafórica, al mismo tiempo que una búsqueda espiritual que lo lleva a oponer a la objetividad del materialismo positivista, la subjetividad de un espiritualismo místico y teosófico. Bajo la influencia del simbolismo y el modernismo o las nuevas concepciones filosóficas que tienden a la subjetivización del tiempo y el espacio, en la poesía de Brenes Mesén los hechos u objetos se convierten en imágenes o símbolos que insinúan o sugieren vivencias espirituales o subjetivas.

La imagen de la realidad que ofrece la narrativa de esta nueva generación parte de un desplazamiento y una reorientación de los discursos y modelos literarios que fundó la generación del *Olimpo*. Muchos de los textos narrativos y dramáticos de los autores jóvenes expresan una mayor identificación con personajes femeninos y populares (especialmente las obras de Lyra, García Monge, Garnier, Ureña, Sánchez Bonilla), los que pasan a ocupar papeles protagónicos y a expresar un punto de vista disonante con aspectos del discurso y la moral oligárquicos. El nuevo discurso ofrece también otro enfoque de la relación entre subjetividad y orden social, con lo que varían perceptiblemente los modelos de identidad elaborados en los textos del *Olimpo*; en gran medida los textos de estos jóvenes autores recogen, reorientan y reformulan, con nuevos matices o nuevos sentidos, la mayor parte de los temas y motivos del *Olimpo*.

Modificaciones significativas tienen lugar en el *cuadro de costumbres*, género que el *Olimpo* utilizara como vehículo para expresar su nostalgia por la restauración de la "edad de oro" de las costumbres oligárquicas. En algunos autores jóvenes –especialmente en Dobles Segreda– no deja de haber una cierta apología o visión idealizada del pasado reconstruido por la memoria; pero ese pasado se evoca en estas obras como un mundo ideal completamente perdido e irrecuperable, contrapuesto a un presente degradado y "enfermo". Algunos relatos de juventud de Carmen Lyra establecen una oposición parecida: el tiempo subjetivo y la memoria, forjadores de sueños e ilusiones, se contraponen al tiempo o la realidad objetivos, al mundo de las "conveniencias materiales", destructor de vidas e ilusiones (*Perfume de recuerdo, Balada de noviembre, Vida en las cosas, Vidas estériles, Mi calle, Humildes cántaros rotos, Las madamas Bovary*, etc.).[2] La posibilidad de acceso a una "edad de oro" utópica –un mundo donde coincidan las urgencias internas con las exigencias externas– ya no se encuentra en estos textos asociado a la restauración en el presente de las costumbres del pasado, sino al rompimiento con los valores vigentes; a la instauración en el futuro de nuevas formas de relación humana, o al refugio en un mundo ideal hilvanado por el deseo y la memoria.

En el cuadro de costumbres de García Monge, Lyra, Sánchez Bonilla, Tovar, Dobles Segreda, el campesino folclórico, estereotipado y pintoresco del *Olimpo*, cede el paso a una *plebe* de marginados urbanos desarraigados, solitarios y tristes. Los nuevos personajes son campesinos o artesanos desplazados en busca de cualquier oficio, ancianos mendigos, mujeres desvalidas, niños solitarios y desamparados; son soñadores, locos o enajenados, inválidos del cuerpo y del alma; son seres cuya pobreza, inocencia, marginalidad o desamparo, los enfrenta a la brutalidad o la inclemencia de un mundo inhumano, grosero, hostil, ajeno a sus necesidades y aspiraciones, destructor de su subjetividad (Quesada 1988). La apreciación del orden social como voz ajena y hostil varía en estos relatos, desde la forma más o menos vaga de una "mala sombra" –la fuerza ineludible del destino o la adversidad– hasta la denuncia de relaciones socio-económicas concretas que

2 Otros relatos de la misma autora establecen una oposición entre las verdades de una "inteligencia", regida por el cálculo "artificioso" y utilitario, y las verdades del "corazón" desinteresado, atento solo al germinar de la vida, a la voz de "otras vidas amablemente inquietas, llenas de fecundas renovaciones" y a la "belleza que no produce ningún bien material" (Lyra 1977: 114 y 95).

despojan, oprimen o marginan a los personajes. La respuesta de los personajes ante esta voz autoritaria, varía también desde un desasosiego triste o resignado hasta el suicidio o la rebelión: los relatos *La mala sombra, El difunto José* y *Proscritos* de García Monge,[3] muestran diversos grados de ese malestar. El narrador costumbrista que separaba rigurosamente su punto de vista, su mundo y su lenguaje, del mundo y el lenguaje de sus personajes populares, es sustituido por un narrador que utiliza profusamente el discurso indirecto libre, cuya palabra recoge los ritmos y modulaciones del lenguaje popular y refracta los deseos, percepciones y ansias de sus personajes.

Lugar especial en la apropiación literaria de la cultura popular ocupa el volumen *Cuentos de mi tía Panchita* (1920) de Carmen Lyra, obra que ofrece una elaborada estilización del lenguaje de un narrador oral de cuentos y leyendas populares –europeas o criollas– y primer texto literario costarricense donde la voz del narrador asume como propios los discursos y culturas populares. En el contexto de su época, este texto funciona como un experimento polémico que disputa con los lineamientos culturales del proyecto civilizador del liberalismo oligárquico, a lo que alude el prólogo del libro. El prólogo, cargado de ironía, contrapone la figura de la tía Panchita y su apropiación de la cultura popular a los hombres letrados, "gentes muy prudentes y de buen sentido" para los que estos cuentos de "hadas, brujas, espantos, etc... echaban a perder (el) pensamiento". Estas "mentiras" y "supersticiones" se oponen a "sus conversaciones sesudas y sus cuentecitos científicos, que casi siempre arrastraban torpemente una moraleja", y ofrecen explicaciones alternativas de los fenómenos, que compiten con "las explicaciones que sobre la formación de

---

3 Todos esos relatos fueron incluidos en el volumen *La mala sombra y otros sucesos* publicado en 1917.

animales, vegetales y minerales ... han dado profesores muy graves que se creen muy sabios" (Lyra, Carmen. *Los cuentos de mi tía Panchita* (7ed.), Ministerio de Cultura, 1975:12-13).

El desarrollo de este nuevo tipo de diálogo entre la voz del narrador y las voces y discursos populares se encuentra sin embargo restringido, en un mundo donde el poder oligárquico sigue ejerciendo un dominio apenas cuestionado sobre la realidad objetiva. El personaje de esta promoción de escritores apenas si reconoce su identidad como sujeto independiente, con derechos y palabra propia; su palabra apenas si se asoma, aún temerosa e insegura, a un mundo cuyo orden y sentido siguen siendo en última instancia ajenos. *El Moto* (1900) de García Monge podría considerarse como el texto que inaugura el discurso literario de la segunda promoción y sus nuevos procedimientos discursivos. En él se hace ingresar al campesino del cuadro costumbrista a la novela, pasando de ser objeto de chota o tipo de comedia a ser sujeto de tragedia. *El Moto* sugiere la imagen de un mundo donde se enfrentan en lucha solapada dos discursos sociales contradictorios y coexistentes: uno –el de los viejos gamonales y "hombres de pro"– representa el pasado que agoniza, pero que conserva todavía la apariencia de un poder y un dominio incontestables; el otro –el de los jóvenes y los campesinos– está preñado de futuro, en él germina la semilla de una vida joven y sana, pero se muestra aun débil e ilusorio en el mundo representado.

En las obras de esta promoción –sobre todo en la novela y el teatro– reaparece el eje temático que representa la disgregación del núcleo familiar, como expresión simbólica de transformaciones en la vida y la conciencia de los costarricenses. Pero, a diferencia de la oposición que establecía el *Olimpo* entre tradiciones *nacionales* y prácticas *exóticas*, en estos textos se expresa más bien una pugna en el interior de la realidad nacional: una pugna entre prácticas sociales opuestas acerca del amor, el matrimonio o la familia, que implica también una oposición entre la conciencia subjetiva y las convenciones sociales. Tradición y moralidad, orden social y subjetividad, se disocian y ya no coinciden en los textos de esta segunda promoción.

En estos textos se manifiesta una actitud más compleja y algo ambigua hacia la concepción tradicional del matrimonio y la familia. Si bien se conservan los estereotipos patriarcales sobre la "honra", la virginidad femenina y la fidelidad conyugal, por otra parte se defiende la "unión libre" –el matrimonio sancionado por el amor entre los cónyuges y no por la autoridad oficial (padre, juez o sacerdote)– al mismo tiempo que se somete a crítica la endogamia oligárquica y algunos estereotipos sexistas del *Olimpo* (Quesada 1988). En términos generales, estos textos denuncian la concepción oligárquica tradicional del matrimonio endogámico como un prejuicio arbitrario e inhumano, contra el cual se rebela la razón o el sentimiento. El criterio de identidad o legitimidad moral no reside ya enteramente en la obediencia al rito exterior y la costumbre, sino más bien en la conciencia subjetiva, que solo muy parcialmente coincide con los valores de la moral tradicional. Poemas de Zeledón, relatos de García Monge, Lyra, Sánchez Bonilla (Quesada 1988); dramas de Ureña, Garnier, Ernesto Martin (Martén) o Calsamiglia (Rojas y otros 1995), muestran distintas versiones de esta nueva actitud.

Se conserva en casi todos estos textos el estereotipo negativo con respecto al placer sexual o el sexo extraconyugal, así como una cierta idealización de la familia, rasgos que parecieran asemejarlos a las obras del *Olimpo*. No obstante, a diferencia de estas últimas, en los autores jóvenes se manifiesta una oposición entre dos tipos de enlace matrimonial y familiar: el endogámico u oficial y el enlace por amor; el último tiende a romper con las normas autoritarias que rigen el primero y a instaurar un nuevo modelo de unión familiar, libre de las convenciones socio-económicas y regido por el amor y la solidaridad entre sus miembros. Así se expresa en las novelas de García Monge (*El Moto, Hijas del campo* (1900), *Abnegación* (1902), en las primeras obras de Garnier (*La primera sonrisa*, 1904; *La esclava*, 1905; *El retorno; La última escena; ¡Nada!*, 1912), en *Cuento de amor* (1910) de Martin (Martén), en *María del Rosario* (1907) y *Los huérfanos* (1910) de Ureña o *En una silla de ruedas* (1918) de Lyra. A diferencia también de los textos del *Olimpo,* las obras de la nueva generación muestran una mayor identificación con la perspectiva de los personajes femeninos "deshonrados" pertenecientes a los grupos sociales (pobres o campesinas) subordinados. Obras como *Hijas del campo* y *Abnegación* de García Monge, *En una silla de ruedas* y *¡Todos irresponsables!* de Lyra, *La esclava, El retorno, La última escena* o *El talismán de Afrodita* (1929) de Garnier tienden a trasladar la crítica que recaía sobre la mujer que perdía la "honra", al que engaña o repudia –ya sea por egoísmo, ya por respeto a las convenciones sociales– a la mujer "caída" o a la madre soltera. El enfoque *feminista*, que explora la denuncia de las humillaciones y frustraciones producidas por la discriminación sexual, social e intelectual de las mujeres es frecuente en la obra de Carmen Lyra y perceptible en algunos de los relatos ya mencionados y en otros como *Las madamas Bovary* o *¿Qué habrá sido de ella?* (conocido también como *Ramona, la mujer de la brasa*), así como en algunos relatos de las series *Siluetas de la maternal* (1929) y *Bananos y hombres* (1931).

De conformidad con esos cambios, los textos de la segunda promoción ofrecen sensibles reformulaciones en el tratamiento de los otros motivos fundadores de la literatura nacional, elaborados por la generación del *Olimpo.*

En los textos de esta nueva promoción, el motivo de las relaciones eróticas, íntimamente entrelazado con el motivo del dinero, sufre transformaciones sustanciales. Los valores de cambio mercantiles y libertinos, que se veían como *opuestos* a las tradiciones y costumbres oligárquicas en las obras del *Olimpo*, aparecen aquí *amalgamados* con estas: el poder del dinero y del privilegio social conspiran para convertir al sujeto de la clase y género subordinados (mujer pobre o campesina) en *objeto* de placer para el hombre perteneciente a la clase dominante. Los conflictos eróticos reproducen así las relaciones (económicas, políticas y sociales) asimétricas, que garantizan poder e impunidad a los miembros de los grupos dominantes y condenan a la servidumbre y al desamparo a los subordinados. Así se denuncia en una larga lista de textos: *El Moto* e *Hijas del campo* de García Monge, *María del Rosario* y *Los huérfanos* de Ureña, *El pobre manco* de Sánchez Bonilla, *Cuento de amor* de Martin (Martén), *El retorno, ¡Nada!* o *La esclava* de Garnier, y los textos de Carmen Lyra mencionados con anterioridad.

El poder corruptor del dinero, que en los textos del *Olimpo* aparecía como un problema eminentemente *moral* o *cultural*, adquiere ahora los contornos de un problema *social*, ligado a relaciones de dominio, dependencia o explotación entre la oligarquía y los grupos subordinados. Al poder amalgamado del dinero y las convenciones sociales, garantía del dominio oligárquico, se opone en estos textos el dictado de la conciencia moral subjetiva, que se concibe como expresión de sentimientos espontáneos y necesidades naturales.

En algunas de estas obras, esos dos motivos se asocian además –como sucedía en algunos textos del *Olimpo*– al motivo de las relaciones entre el campo y la ciudad, como en *Hijas del campo, María del Rosario, El pobre manco* (1910), o *Escenas costarricenses* (1906) de González Rucavado. En estos textos, no obstante, la idealización de la vida patriarcal y campesina, característica del *Olimpo*, se diluye hasta casi desaparecer. Al igual que sucedía con el motivo del dinero, el de la oposición campo-ciudad se ve tamizado, en los textos de los jóvenes autores, por la denuncia de relaciones de injusticia y desigualdad entre grupos sociales (la oligarquía urbana y el campesinado rural), aspecto excluido en las obras del *Olimpo.* Así aparece este motivo en *Hijas del campo, María del Rosario* o *El pobre manco.* En todas esas obras este motivo se asocia con el motivo anterior: el del dinero como poder que degrada y prostituye las relaciones humanas.

Interés especial suscita la obra dramática de Garnier, por la frecuencia, constancia y licencia con que es tratado el motivo erótico, y por el papel protagónico que se asigna en sus textos a la mujer. El amor aparecía en sus primeras obras (*La primera sonrisa; La esclava; El retorno; La última escena; ¡Nada!; Boccaccesca,* 1919) como una fuerza transformadora, renovadora o irreverente, asociada a la rebelión de la mujer (hija, novia o esposa) contra la autoridad masculina (padre, pretendiente o marido); ese enfrentamiento conduce a la apertura hacia una nueva moral o a nuevas formas de relación familiar. *Boccaccesca* es la única obra de los autores de las dos primeras promociones, que evoca el placer sexual y el adulterio femenino en términos festivos e irreverentes, sin ninguna de las connotaciones de culpa o delito que los acompaña en todas las demás obras. El tratamiento del motivo erótico varía, sin embargo, radicalmente en los últimos dramas de Garnier *(A la sombra del amor, Con toda el alma, El talismán de Afrodita*) publicados en la década de 1920. En todas estas obras aparecen como elementos dramáticos el adulterio, el incesto, la violación, la prostitución o el aborto. En todas ellas el papel protagónico corresponde siempre a la mujer, y en todas el conflicto dramático se construye alrededor de una contradicción en la protagonista femenina, escindida entre su rol familiar de madre o esposa, y su papel de mujer, sujeto u objeto del deseo sexual. Ese conflicto lleva invariablemente a un enfrentamiento con el marido o los hijos, que provoca la escisión del núcleo familiar y conduce siempre a la tragedia.

El motivo de la influencia extranjera, ligado al problema de la identidad y la soberanía nacionales, no aparece ya, como en los textos del *Olimpo*, en los términos de la oposición entre el altruismo de los nobles caballeros oligárquicos y el utilitarismo egoísta y burgués de los mercaderes o militares yanquis. Cuando el motivo reaparece en *Bananos y hombres* (1931) de Carmen Lyra va a estar asociado –como más tarde en *Mamita Yunai* de Carlos Luis Fallas– a la vida de los trabajadores bananeros en las empresas transnacionales aliadas a los gobiernos nacionales, y no a la conservación del modelo de identidad que defendían los intelectuales oligárquicos, protagonistas de las novelas del *Olimpo.*

Conviene finalmente subrayar la introducción de algunos motivos, excluidos o imperceptibles en los textos del *Olimpo*. Los textos de esta generación introducen como motivo central la oposición subjetividad/orden social (con sus variantes individuo/sociedad o conciencia moral/convenciones sociales) oposición que en las obras del *Olimpo* se diluía en una postura conciliadora que equilibrara ambos extremos y anulara la contradicción. El conflicto dramático que en *Magdalena* se disuelve conciliadoramente en comedia, al reconocerse la necesidad de supeditar la conciencia individual a las convenciones sociales y la autoridad de la costumbre, en *El retorno* de Garnier, *El combate* de Calsamiglia o *María del Rosario* de Ureña se convierte en drama o en tragedia, al reconocerse la imposibilidad de conciliar la primera con las segundas.

En términos generales, las obras de los jóvenes autores denotan un proceso de internalización de los principios morales, con lo cual se afirma la necesidad de oponerse a las leyes y convenciones establecidas cuando estas contradicen los dictados de la conciencia moral o los sentimientos subjetivos de amor y de justicia. En algunos casos esa oposición antagónica entre conciencia moral y convención social se liga al enfrentamiento entre la generación de los mayores –más apegada al respeto de las antiguas "tradiciones y costumbres"– y la generación joven que rompe con ellas y afirma o propone nuevos modelos de convivencia y relación humana. Este proceso aparece tamizado siempre por un intento de denuncia social en todas las novelas de García Monge, Carmen Lyra y Garnier, así como en las piezas de Ureña y Martin. En cambio, en *Corazón joven* (1903) de Troyo o en los dramas del último Garnier la contradicción entre la conciencia individual y las presiones o convenciones sociales, adquiere los contornos de un conflicto sicológico o filosófico, más en la línea de la literatura modernista o "decadente".

Otro motivo que guarda relación estrecha con la oposición subjetividad/orden social y con los desplazamientos y reorientaciones formulados por esta promoción en todos los demás motivos del *Olimpo*, es el motivo de la *marginación*. En estos textos, la voz del narrador se identifica frecuentemente con seres (pobres o mendigos, inválidos, vagabundos, locos, artistas o intelectuales, mujeres, niños, ancianos) en situación de marginalidad material o espiritual con respecto al orden social y a las jerarquías del poder y la autoridad. Esta situación les otorga un punto de vista "extrañado", por exterior o anormal, ingenuo o rebelde, que pone en duda la legalidad o la naturalidad de ese orden. Especialmente sugerente es la formulación de este motivo y su asociación con casi todos los anteriores, en la novela de Carmen Lyra *En una silla de ruedas*. Aquí las voces solidarias del artista, el niño, la mujer, los ancianos indigentes y el pueblo (Sergio y sus hermanas, Miguel, Canducha, Ana María, Pastora, los internos del Hospicio de Incurables) se oponen a la voz objetiva de las convenciones familiares, económicas y sociales (el padre de Sergio, sus tíos, los directores del Hospicio de Incurables); la familia "oficial" de Sergio (padres y tíos), unida por lazos convencionales, se opone a una familia "espiritual" de marginados, unida por lazos libres y espontáneos de amor y solidaridad (Quesada 1988, Ovares *et al* 1993). La marginación material y socio-económica predomina en las obras de autores como García Monge, Carmen Lyra, Ureña, Sánchez Bonilla, Tovar o Dobles Segreda; la marginación espiritual, sentimental o intelectual, en algunos textos de Carmen Lyra, Garnier, Calsamiglia o Troyo.

Como se puede ver, la segunda promoción recoge la mayor parte de los temas y motivos elaborados por la primera, pero los reformula, sometiéndolos a una reorientación, de acuerdo con su nueva experiencia histórica y con sus nuevos planteamientos ideológicos. En los mayores aquellos temas y motivos tenían como función primordial la legitimación del orden oligárquico, la supremacía de la tradición y la costumbre sobre las necesidades subjetivas o de la cultura civilizada de los *levas* sobre la incultura plebeya de los *conchos,* aspectos que garantizaban la conservación de la integridad social y la identidad nacional. La segunda promoción, en términos generales, denuncia esas tradiciones y costumbres oficiales como opresivas y enajenantes, y se orienta en la búsqueda de nuevos modelos de representación literaria que reformulen el proyecto nacional, incorporando nuevas voces y sujetos, nuevas estrategias discursivas que cuestionan, si no el poder objetivo, al menos la legitimidad subjetiva del poder oligárquico.

Esas diferencias, sin embargo, no anulan cierta unidad fundamental en la concepción de la identidad en los textos literarios de ambas promociones: si bien hay un desplazamiento de los valores morales desde el exterior (convenciones y costumbres establecidas) hacia el interior (la conciencia subjetiva), ambas promociones comparten un optimismo bastante ingenuo en la capacidad del discurso y los valores espirituales o morales para transformar la sociedad. Ambas comparten además un cierto racionalismo y didactismo en su concepción de la literatura: la literatura está orientada a representar y dirigir un proceso de educación y moralización de la sociedad costarricense. Y aunque el discurso literario de la segunda promoción ponga un mayor énfasis en la expresión de la interioridad o la incorporación de sujetos sociales excluidos; aunque matice con elementos subjetivos la objetividad unívoca del *Olimpo*, en todos los casos el orden del discurso reproduce el orden de una realidad que, si bien muestra indicios de escisión o fragmentación, se concibe aun como unidad o totalidad.

La restauración liberal tras la dictadura de Tinoco, el fracaso del reformismo más tarde, y finalmente la crisis de 1929, provocaron, sin embargo, refracciones en los textos de algunos autores de esa segunda promoción (Garnier, Lyra, Sancho) publicados en las décadas de 1920 y 1930. Todos esos textos muestran como denominador común una ruptura notoria con el idealismo arielista y el acratismo tolstoyano que permearon sus obras anteriores a 1920, donde se traslucía un optimismo ingenuo en la capacidad de la razón y la conciencia moral, para renovar y regenerar las convenciones que regían el comportamiento humano y el orden social. Desde distintas ópticas ideológicas, la obra de estos autores muestra un desencantamiento, que los textos traducen –a un nivel más o menos consciente– como ruptura entre la vida subjetiva y el acaecer objetivo: el mundo social aparece como un mecanismo regido por una legalidad o un orden ajenos a la racionalidad y destructores para la subjetividad. Ese orden puede adquirir rasgos abstractos, son líneas trazadas por la fatalidad o el destino, en el caso de Garnier; o puede adquirir rasgos sociales, es una realidad inhumana o deforme, construida por las instancias del poder para perpetuar su dominación, en el caso de Lyra o Sancho.

Los textos de Carmen Lyra publicados en las décadas de 1920 y 1930 muestran una transición, desde esa estética de resonancias sentimentales o modernistas, hacia una estética cada vez más cercana al realismo social, una literatura concebida como instrumento de denuncia y concienciación. Ese tránsito coincide con una creciente preocupación por las actividades políticas de parte de la escritora, preocupación que culmina con su adhesión al Partido Comunista en 1931.

En diversos artículos publicados en periódicos y revistas, en *Costa Rica, Suiza centroamericana* (1935), en sus *Memorias,* Mario Sancho se distancia del idealismo y el arielismo de sus escritos juveniles para adoptar, en sus escritos de madurez, un movimiento pendular entre la identificación oligárquica con los valores morales de un pasado arcádico, y el sentimiento de rechazo o repugnancia –que va del humor irónico a la diatriba patética– por las costumbres que rigen la vida cultural y social, económica y política, del presente. La impresión general que ofrecen los escritos de Sancho en esta época, es la de una desgarradora ubicuidad ideológica, entre el rechazo y la adhesión a ciertos valores oligárquicos señoriales, el rechazo y la adhesión a ciertos valores del progreso y la modernidad industrial, el rechazo y la adhesión a ciertos valores de la revolución social. Atrincherándose en una posición para combatir otra, en la otra para combatir la anterior y en una tercera para combatir las primeras, el movimiento pendular de Sancho puede verse como un índice del resquebrajamiento de la vieja unidad liberal con su modelo unívoco de identidad nacional: la suya es una conciencia que ya no puede identificarse plenamente con el viejo orden, ni rechazarlo por completo para configurar un nuevo orden, adhiriéndose a alguna de las nuevas opciones ideológicas del presente.

En alguna medida las transformaciones de Lyra y Sancho en las década de 1920 y 1930 prefiguran los cambios y los derroteros por donde transitarán las nuevas promociones literarias que surgen en las décadas de 1930 y 1940.

Capítulo III

Crisis y quiebra

Las décadas de 1920 y 1930 señalan el ingreso a la literatura costarricense de una nueva promoción literaria, conformada por escritores nacidos hacia 1900. Pertenecen a esta promoción, entre otros, los poetas: Rafael Cardona (1892-1973), Asdrúbal Villalobos (1893-1985), Rogelio Sotela (1894-1943), Julián Marchena (1897-1985), José Basileo Acuña (1897-1992), Carlos Luis Sáenz (1899-1983), Max Jiménez (1900-1947), Rafael Estrada (1901-1934); los narradores: Francisco Soler (1893-1920), Max Jiménez , José Marín Cañas (1904-1981), Carlos Salazar Herrera (1906-1980); los ensayistas: Moisés Vincenzi (1895-1964), Vicente Sáenz (1896-1963), Abelardo Bonilla (1899-1969), León Pacheco (1902-1980), Enrique Macaya (1905-1982); los dramaturgos: H. Alfredo Castro (1889-1966) Raúl Salazar Álvarez (1893-1936) y Manuel G. Escalante Durán (1905).

El período de formación de estos escritores cubre como se dijo las décadas de 1920 y 1930, época de grandes cambios: situada entre dos guerras mundiales con la crisis de 1930 en el medio, es un período convulso, signado por la corrosión de instituciones, principios y valores que parecían eternos e inconmovibles; por la disolución y el desplazamiento de los sistemas de coordenadas y puntos de referencia tradicionales; por transformaciones radicales en casi todos los ámbitos del quehacer humano.

El nuevo orden que se estructura después de la I Guerra Mundial, marca el ascenso de los Estados Unidos de América al rango de gran potencia y el surgimiento de una Rusia soviética unificada bajo el nuevo signo del comunismo, mientras Europa –viejo núcleo de la civilización occidental– parece perder su posición hegemónica. La ciencia y la filosofía ponen en duda las concepciones tradicionales de la materia, del tiempo y del espacio, del ser y del conocer, los principios e instrumentos que legitimaban el significado de los lenguajes y el orden de la realidad. El sicoanálisis disuelve la unidad y la integridad de la conciencia para abrirse a las regiones inciertas del deseo y el inconsciente. El nuevo arte experimental y las literaturas de vanguardia ponen en duda la validez de las convenciones realistas y problematizan las funciones que se asignaban tradicionalmente a los diversos elementos del quehacer artístico, incorporan o combinan materiales, técnicas y lenguajes diversos, reflexionan sobre sí mismos y sobre las condiciones de su propia producción o recepción.

En todo el ámbito latinoamericano el impacto del nuevo movimiento modernizador que se introduce después de la I Guerra Mundial, el crecimiento de las ciudades, la crisis de 1930, el resquebrajamiento de las tradiciones semifeudales, marcan la quiebra de los regionalismos y de los grupos estamentales relativamente aislados. Marcan también la incorporación de nuevos sujetos históricos activos: clases medias, trabajadores, estudiantes, nuevos grupos de intelectuales más críticos con respecto a la tradición y la incorporación de regiones, culturas y grupos sociales censurados o marginados en la Nación liberal por prejuicios ideológicos, raciales o étnicos, como los indios, los negros y las mujeres. El resquebrajamiento del modelo liberal-oligárquico, marca también la ruptura con el monopolio ejercido por un pequeño grupo dominante sobre los mecanismos del poder o la manipulación de los símbolos y sentidos que estructuran el discurso nacional.

El resquebrajamiento de la unidad liberal-oligárquica, vuelve problemática la imagen de la Nación que se había venido elaborando en América Latina, según el proyecto civilizador de los liberales. Surgen nuevas maneras de imaginar la Nación, que procuran incorporar la heterogeneidad e integrar los elementos excluidos, en polémica con el modelo liberal en descrédito. La reflexión sobre la diversidad étnico-cultural y el mestizaje, la nación concebida en términos de clases sociales y conflictos de clases, se abre paso en un abanico ideológico que va desde las reflexiones sobre la "raza cósmica" de Vasconcelos, el "indigenismo", el "negrismo", hasta el "aprismo" de Haya de la Torre o el marxismo de Mariátegui y los diversos partidos comunistas que se fundan a todo lo largo del continente a partir de 1918. Sin excluir, por supuesto, los diversos esfuerzos por preservar el nacionalismo tradicional, en su forma prístina o puesto al día con diversos aderezos fascistas.

El impacto del nuevo movimiento modernizador que se introduce desde Estados Unidos y Europa, así como la redistribución interna del poder, generan también un reacomodo en la producción artística y literaria de los países latinoamericanos. Uno de los puntos más conflictivos es la relación que establecen las grandes ciudades y sus elites letradas, que funcionan como mediadoras entre la cultura de las metrópolis y la cultura nacional, con las culturas autóctonas o regionales. Con la publicación de *La vorágine* (1924) de J. E. Rivera, *Don Segundo sombra* (1926) de R. Güiraldes, *Doña Bárbara* (1929) de R. Gallegos, culmina y se cancela el ciclo regionalista; con la novela de la revolución mexicana se inaugura un nuevo realismo social. La representación de la vida nacional se abre –entre el entusiasmo, el temor o el desconcierto– a regiones geográficas, grupos étnicos y clases sociales periféricas o subordinadas, con sus formas de vida, sus culturas y discursos marginados o excluidos del modelo oligárquico de realidad nacional. La experiencia de indios, negros, obreros urbanos, campesinos, mujeres o trabajadores de los enclaves mineros o agrícolas, se incorpora a una literatura cuya función principal es la denuncia y que ensaya, desde la óptica crítica o solidaria de una clase media insurgente en polémica contra el poder hegemónico, nuevos modelos de identidad y cultura nacionales. En esta literatura –cercana en la década de 1930 al llamado "realismo socialista"– la incorporación de nuevos contenidos y personajes desde una óptica crítica, apenas si altera los niveles más profundos del lenguaje y las estructuras literarias. Respuestas más complejas y más fecundas, desde el punto de vista estético, produjeron los esfuerzos por incorporar en las literaturas latinoamericanas –sobre todo después de la crisis de 1930– el trabajo sobre el lenguaje, la producción de significados o las construcciones simbólicas de la realidad, desarrollado por las corrientes de vanguardia y la literatura experimental europea.

También en el ámbito costarricense se producen sustanciales desgarramientos internos en el tejido que hilvanaba el orden social. El crecimiento de las ciudades y las clases medias urbanas; el paulatino agotamiento de la frontera agrícola; el aumento de sectores proletarizados en el campo y las ciudades; los nuevos valores y los nuevos patrones de consumo y bienestar o la nueva cultura de masas, introducidos por la modernidad; el desarrollo de las luchas feministas; las nuevas ideas de reforma y revolución social, son factores que, agudizados por la crisis de 1930, tienden a señalar las limitaciones del viejo orden oligárquico y la caducidad de las antiguas tradiciones y costumbres. El descontento social había generado ya en la década de 1920 amplios movimientos huelguísticos que llevaron a la implantación de la jornada laboral de 8 horas y, más tarde, a la promulgación de la Ley de Inquilinato en 1922. En 1923 se funda el Partido Reformista que alcanza un inusitado caudal electoral en las elecciones de 1924 y obliga a Ricardo Jiménez a establecer un pacto con su caudillo, Jorge Volio, para llegar a la presidencia. Durante toda la década de 1920 se agudizan los enfrentamientos entre productores y beneficiadores de café; tras la crisis, el gobierno se ve obligado a dictar las leyes cafetaleras de 1933 que regulan las relaciones entre productores y beneficiadores. En 1923 se funda la Liga Feminista Costarricense que lucha por la obtención del derecho al voto para la mujer. El Partido Comunista (Bloque de Obreros y Campesinos), fundado en 1931, se convierte en instrumento de lucha y organización de los sectores populares afectados por la crisis. Se fortalece la conciencia sindical y se suceden las protestas de los desocupados, la huelga de zapateros y la gran huelga bananera de 1934. Las luchas antimperialistas adquieren mayor fuerza tras la nueva ocupación de Nicaragua por los Estados Unidos, la resistencia de Sandino, y las campañas de la Liga Cívica contra los contratos bananeros y el monopolio eléctrico de la Bond and Share Co. en las postrimerías de la década de 1920. La fundación del Partido Comunista en 1931, en medio del desbarajuste producido por la crisis de 1930, inserta de lleno al país en el ojo de los enfrentamientos políticos entre liberalismo y socialismo o capitalismo y comunismo, al tiempo que inicia una nueva época en la historia de las luchas sociales y de las organizaciones populares en Costa Rica.

La unidad liberal se quiebra y los elementos reprimidos en su interior se liberan, en un movimiento centrífugo que al dejar emerger voces y discursos anteriormente censurados o silenciados, impugna la legitimidad del viejo orden. Nuevas regiones geográficas, nuevos sujetos sociales, nuevas áreas de la realidad –ignorados, reprimidos o discriminados por el modelo liberal de Nación que no superaba los límites del Valle Central y la cultura oligárquica– introducen nuevas voces y planteamientos en la vida costarricense. Guanacaste ingresa en el mapa político nacional con la fundación del Partido Confraternidad Guanacasteca bajo el liderazgo del Dr. Francisco Vargas Vargas en 1937, al mismo tiempo que escritores como María Leal de Noguera (*Cuentos viejos,* 1923) y Aníbal Reni (*Sacanjuches,* 1937) hacen ingresar a la provincia en el mapa literario del costumbrismo costarricense. Limón y las regiones bananeras del Caribe, ingresan al mapa literario costarricense con la serie de relatos *Bananos y hombres* (1931) de Carmen Lyra, casi al mismo tiempo que la gran huelga bananera de 1934 inserta de lleno la región en el mapa político nacional. Pequeños productores agrícolas, trabajadores bananeros y artesanos, grupos urbanos sin vivienda o sin trabajo, campesinos sin tierra, mujeres, intelectuales urbanos acicateados por la modernidad y desencantados del orden tradicional, irrumpen en la vida costarricense, rompiendo con el papel mudo, pasivo, o legitimador que les asignaba la tradición y la costumbre en el orden nacional oligárquico.

Los grandes enfrentamientos ideológicos entre las potencias que emergen con el nuevo orden instaurado tras la I Guerra Mundial, se desplazan de diversas maneras en el interior del país. Las oposiciones y traslapes coyunturales entre liberalismo, capitalismo, nazi-fascismo, comunismo y socialismo, o entre individualismo y colectivismo, democracia y dictadura, permean la percepción de las relaciones entre la conciencia subjetiva y el orden social, y organizan gran parte de la producción discursiva –incluida la literaria– en estas décadas. En la década de 1930, tras la crisis económica mundial, tras la consolidación de Stalin y la industrialización forzada en la Unión Soviética, tras el ascenso del nazismo en

Alemania y el inicio de la Guerra Civil en España, la agudización de los conflictos internacionales se traslada al interior de los enfrentamientos ideológicos nacionales. La fundación del Partido Comunista en 1931 y de la Liga Antifascista durante la Guerra Civil Española, contrasta con la propaganda anticomunista que emana de diversas vertientes: las democracias liberales, los regímenes fascistas, los inmigrantes italianos y alemanes o el clero y la burguesía nacionales temerosos del comunismo.

Los discursos sobre "la decadencia de Occidente", la crisis del humanismo, el impacto de la técnica, los nuevos medios masivos de comunicación, la masificación y la maquinización en la vida social, la reflexión sobre el nuevo arte de vanguardia y sus nuevos presupuestos estético-filosóficos, se introducen en los periódicos y revistas nacionales –especialmente en las páginas del *Repertorio Americano*– e influyen en mayor o menor grado en las discusiones políticas e ideológicas o en las producciones artísticas y literarias. Los ensayos de Abelardo Bonilla (*La crisis del humanismo*, 1934), de Moisés Vincenzi (*El arte moderno*, 1937; *El hombre máquina*, 1938; *Psicología del líder*, 1938; *Marx en la fragua*, 1939, etc.) o de León Pacheco, ofrecen diversos acercamientos sobre estos temas. Estas formulaciones adquieren, no obstante, refracciones diversas, en contacto con las formaciones discursivas de un país agrícola y dependiente, donde la modernidad industrial penetra desde las metrópolis como un discurso ajeno. La apropiación del discurso de la modernidad y las vanguardias es una operación compleja que genera actitudes y productos muy diversos e híbridos: desde el intento cosmopolita de asimilación acrítica de los discursos, hasta el rechazo nacionalista igualmente acrítico, pasando por una variada gama de esfuerzos de asimilación y apropiación crítica. El caso más extremo de europeísmo cosmopolita es probablemente el del dramaturgo H. A. Castro quien escribe sus obras –donde introduce elementos del simbolismo y el expresionismo europeos– en francés y desarrolla casi todos sus argumentos en Francia o –en *Aguas negras* (1947)– en una zona bananera construida según los estereotipos europeos de un trópico bárbaro, amoral e irracional, refractario a toda forma de civilización.

Las oposiciones entre conciencia individual y orden social, entre individualismo y colectivismo, entre libertad y autoridad, entre instinto y razón, mediatizadas en gran medida por los cambios de sentido que adquieren nociones como individuo, razón, sociedad, libertad, democracia o dictadura, insertas en los diversos discursos ideológicos capitalistas, fascistas o socialistas, tienden a matizar las viejas oposiciones tradición/progreso o civilización/barbarie, en la producción discursiva costarricense de estas décadas. Un índice de los complejos matices que adquieren esas concepciones en el discurso ensayístico y literario se encuentra en la narrativa de Max Jiménez y José Marín Cañas, en las obras teatrales *El punto muerto* (1938) o *Aguas negras* de H. A. Castro, así como en la oscilación entre el entusiasmo inicial y el posterior rechazo de las ideas "colectivistas" en el pensamiento de Abelardo Bonilla o en su novela *El valle nublado* (1942). Por otra parte, la oposición ciudad/campo, cercana a las oposiciones anteriores y frecuente como se ha visto a todo lo largo de la literatura costarricense, comienza a adquirir una nueva formulación en los textos de esta época, formulación que se desarrollará más ampliamente en los textos de la promoción siguiente: en vez de la oposición San José/hacienda cafetalera como era usual antes de 1930, aparece ahora la oposición Valle Central/periferia, conforme la imagen de la nación supera los límites del Valle Central para abrirse a nuevas regiones y nuevos ámbitos y culturas marginales.

Como en el resto de América Latina, también en Costa Rica se va concretando la sustitución de Europa por Estados Unidos como nueva metrópolis política y económica. Esa sustitución es paralela a un desplazamiento de las posiciones del discurso "arielista" –su identificación con los ideales de la latinidad europea y su rechazo al utilitarismo de la América sajona– hacia diferentes posiciones opuestas: desde una reivindicación de la modernidad industrial y el pragmatismo como portadores del bienestar y del progreso, hasta un antimperialismo expresado cada vez más en términos de estructuras y relaciones económico-políticas y cada vez menos en términos de arquetipos ideales, espirituales o culturales. La complejidad de estos desplazamientos ideológicos puede advertirse en las polémicas de Mario Sancho con León Pacheco y Octavio Jiménez (*Juan del Camino*) en *Repertorio Americano*, entre 1928 y 1930, a propósito del decadentismo de Gómez Carrillo o la filantropía de Ford y Rockefeller; así como en la revisión que hace Sancho en estos años de sus posiciones anteriores, según se mencionó en el capítulo anterior.

De los ensayistas sobre temas históricos y políticos, quizá la figura más representativa de las nuevas posiciones y luchas antimperialistas es Vicente Sáenz. Sáenz inaugura, en sus abundantes ensayos y escritos polémicos, un nuevo lenguaje y un nuevo enfoque de la intervención estadounidense en la vida costarricense y latinoamericana. Su lenguaje incisivo y directo, alejado de la ampulosidad modernista, cargado de giros irónicos y reversiones paródicas de los estereotipos de la demagogia liberal, se conjuga con un análisis de la realidad histórica que rompe con las construcciones positivistas o arielistas, basadas en arquetipos de razas y culturas, para analizar hechos y documentos concretos. Intervenciones y ocupaciones recientes, declaraciones, contratos, prestamos, concesiones, tratados, negocios, números, se cuelan en el texto, directamente reproducidos o cuidadosamente documentados, en un despliegue vertiginoso de datos, estadísticas e informaciones muy diversas. Así, mientras el lenguaje devela los dobleces del discurso nacional oligárquico, el entramado de los hechos económicos y políticos construye una compleja estructura que entrelaza el poder oligárquico y la dominación imperialista. Puede decirse que el discurso ensayístico de Sáenz refleja el tránsito, en el plano de las ideologías políticas contestatarias, del idealismo arielista y el acratismo tolstoyano de las dos primeras décadas del siglo, al reformismo, el aprismo y el marxismo en las décadas de 1920 y 1930. En la misma línea apunta el tránsito de Carmen Lyra desde las posiciones arielistas o tolstoyanas de su juventud hacia el realismo social de textos como *Bananos y hombres,* cuya fecha de publicación coincide con el ingreso de la autora al Partido Comunista en 1931.

Comparada con las anteriores, esta nueva promoción es más heterogénea y se ubica en un espectro ideológico-cultural mucho más amplio y complejo, que cubre desde un modernismo tardío –especialmente en los poetas nacidos en la década de 1890, como R. Cardona, Sotela, Acuña, Marchena o Francisco Soler– hasta las primeras estridencias vanguardistas, en autores nacidos después de 1900 como Max Jiménez, Estrada o Marín Cañas. En los textos de esta tercera promoción, el rompimiento entre los discursos que organizan la existencia subjetiva y los que determinan el orden social es mucho más profundo que en las anteriores. Bajo la influencia del nuevo impacto modernizador y los movimientos de vanguardia, esas rupturas tienden a modificar en algunos autores, ya no solo el contenido de las representaciones literarias sobre la identidad o la realidad nacionales, sino también las estructuras del lenguaje narrativo y las convenciones que permiten identificar las representaciones con la realidad.

A diferencia de lo que había sucedido con las anteriores promociones literarias, esta se desarrolla en fecunda interacción con un grupo de jóvenes artistas que se dan a conocer en las "Exposiciones de Artes Plásticas" que se celebran regularmente a partir de 1928. Estos artistas promueven un movimiento renovador en las artes plásticas, dominadas hasta entonces por el retratismo y el academicismo o la imaginería religiosa. Ese esfuerzo se concreta en la búsqueda de nuevos motivos de representación de lo nacional (la casa de adobes, imágenes de la vida íntima, cotidiana o popular); en los métodos y técnicas de representación, que aúnan la incorporación de rasgos indígenas, populares o afrocaribeños con la asimilación de elementos provenientes del impresionismo, el expresionismo y las vanguardias europeas o latinoamericanas. Entre ellos se puede mencionar a Juan Rafael Chacón (1894-1982), Teodorico Quirós (1897-1975), Fausto Pacheco (1899-1966), Luisa González de Sáenz (1899-1982), Juan Manuel Sánchez (1907-1990), Manuel de la Cruz González (1909-1986), Francisco Zúñiga (1912-1998) y los también escritores Jiménez, Amighetti y Salazar. Rasgos comunes emparientan las búsquedas de esta promoción artística con las preocupaciones de sus contemporáneos escritores: la ampliación de los límites del realismo academicista –con su rigidez objetiva, su ampulosidad y su respeto a los moldes y perspectivas clásicos– para introducir la estilización y la deformación grotesca de las imágenes y las perspectivas, o el rompimiento con las formas usuales de dar significado; la experimentación con los lenguajes o los colores y la mezcla de elementos pertenecientes a escuelas y tradiciones disímiles o inconciliables según los cánones reconocidos. Por primera vez en Costa Rica se puede hablar de una promoción que reúne escritores, pintores y escultores, que comparten luchas y preocupaciones comunes, una mayor conciencia de la especificidad del arte y del artista, una mayor apertura a los experimentos y transformaciones de su época, y una posición más crítica con respecto a la vida cultural costarricense. No es casual, entonces, que varios de los escritores practiquen también las artes plásticas, según se señaló en los casos de Jiménez, Amighetti o Salazar Herrera, y que algunos de los escritores y ensayistas practiquen por igual la crítica literaria y la crítica de arte.

La producción lírica de los autores que se ubican dentro de un modernisno tardío busca una reorganización discursiva y temática con referencia a un mundo de vivencias inmediatas y espontáneas, con un lenguaje poético que se orienta, en oposición crítica a la ampulosidad y el cosmopolitismo libresco del modernismo tradicional, a la simplicidad y en algunos casos al localismo. Reaparece con frecuencia el tópico de la nostalgia de evasión a un mundo espiritual o al mundo interior de los sueños y anhelos del poeta, en contraste con la prosaica vulgaridad del mundo real. El célebre soneto "Vuelo supremo" de Marchena es especialmente representativo de esta temática: el poeta manifiesta su deseo de "huir de todo lo que sea humano", para identificarse con el ansia de absoluto de "los errantes pájaros marinos", cuyo vuelo entre "dos inmensidades: mar y cielo", contrasta con la "prosaica visión de los caminos". Estos poetas conservan la retórica y la versificación tradicional apenas enriquecida por la experimentación modernista con rimas, ritmos y métricas complejas. Con poetas como Jiménez, Estrada, Sáenz se inician los primeros tímidos intentos por introducir algunos rasgos de vanguardia en la poesía costarricense. Sus obras muestran una nueva conciencia de la modernidad que los emparienta con la obra de los autores de la promoción siguiente. Se incrementa el uso del verso libre, los prosaísmos y los ritmos del lenguaje oral; se introducen las metáforas y piruetas verbales cercanas al surrealismo o al ultraísmo, que recurren a comparaciones insólitas, grotescas o deshilvanadas; aparecen, sobre todo en Jiménez, los motivos de la angustia existencial ante un mundo ominoso que se disgrega o se disuelve en el absurdo, la intrascendencia y el caos; un mundo dominado por la acción corrosiva del tiempo y la presencia inapelable de la muerte.

Los *Cuentos de angustias y paisajes* de Salazar Herrera amplían la representación literaria de lo nacional, desde el Valle Central a las costas y las selvas, al mismo tiempo que amplían la variedad étnica de los personajes para incluir indios, negros, cholos, chinos. Estos cuentos mezclan de manera inédita elementos del realismo costumbrista con procedimientos impresionistas que rompen la manera usual de relacionar el plano general y el detalle, lo significativo y lo insignificante, lo esencial y lo ancilar. En esos textos el narrador varía constantemente de enfoque y perspectivas, mezcla tonalidades líricas e irónicas, la voz del narrador y la percepción de los personajes, vivencias subjetivas y descripciones objetivas, las "angustias" y los "paisajes", para jugar con las expectativas del lector, de la misma manera que en sus argumentos la realidad parece jugar con los deseos, las intenciones o previsiones convencionales de sus personajes. El mundo costumbrista pierde en estos cuentos su armonía, sus contornos objetivos y definidos, sus perspectivas ordenadas, y aparece como un mundo donde irrumpe la incertidumbre y lo inesperado, lo casual y lo contingente, el desorden y la incomunicación, mientras se desdibujan los viejos contornos de un mundo conocido, identificable y previsible.

Max Jiménez y José Marín Cañas, que inician su producción bajo el influjo de la crisis de 1930 y de los primeros tímidos intentos por incorporar a la literatura costarricense los experimentos de vanguardia, expresan en sus novelas la sensación de vivir una época de trastrueque y desbarajuste, de desaparición o caducidad de las formas de vida, las relaciones, creencias y valores tradicionales, lo que se manifiesta en un rompimiento abrupto entre los discursos que organizan la existencia subjetiva y los que organizan el orden objetivo. El mundo social adquiere para el sujeto en estos textos los contornos de un mundo absurdo y enajenante, caótico, dislocado o grotesco.

En esa visión crítica del orden social se expresa también la desconfianza en cualquier pretensión de reorganizar el acaecer histórico o el mundo objetivo, partiendo de discursos ideológicos reformistas o revolucionarios; en esos textos, la única posible autenticidad o redención se reduce al ámbito de la experiencia subjetiva o interpersonal, mediante la creación artística en el caso de Jiménez o mediante el *amor* –en el sentido amplio que adquiere esa noción en este autor– en el caso de Marín. Esta experiencia de caducidad y desconfianza hacia los discursos y convenciones sociales establecidos abarca en estos autores ya no solo –como en la promoción anterior– los contenidos, la crítica a los modelos de identidad y realidad nacional del liberalismo oligárquico, implica también una actitud más crítica hacia el discurso literario mismo y problematiza las convenciones propias del realismo tradicional que permiten el libre tránsito entre autor, obra y lector o entre la representación literaria y la realidad. Los textos de estos dos autores se caracterizan por la experimentación con las instancias del autor y el narrador, la hibridez genérica y discursiva, las parodias de los estereotipos románticos o costumbristas, y el uso de diversos procedimientos innovadores que remiten al grotesco expresionista, el "esperpento" deformante de Valle Inclán, el montaje cinematográfico, las insólitas asociaciones surrealistas o las piruetas ultraístas.

Los textos narrativos de Jiménez (*Unos fantoches*, 1928; *El domador de pulgas*, 1936; *El jaul*, 1937) se estructuran partiendo de una metáfora central –aludida siempre en el título– que sugiere un proceso de enajenación, de carencia o pérdida de identidad. Hombres-fantoche, hombres-pulga, hombres-jaul, sus "personajes" son seres desdoblados o alienados, desposeídos de conciencia y voluntad, inmersos en un orden social que funciona como un mecanismo enajenante, que los lleva a repetir de manera inconsciente o involuntaria, actos o gestos sin sentido, esperpénticos o bestiales.

Unos fantoches ofrece el primer intento en la literatura costarricense por construir un texto experimental: un texto que reflexiona, al mismo tiempo que se escribe, sobre las convenciones que determinan su propia escritura. Como los demás textos, se desarrolla a partir de una metáfora central: la imagen de los hombres como *fantoches* de una representación, personajes o títeres movidos por los hilos de un Autor, de las convenciones sociales o del destino. La metáfora se desarrolla en múltiples sentidos para confundir los límites entre realidad y representación, autor y personaje, actor y espectador, escritor y lector.

En *El domador de pulgas*, los infructuosos esfuerzos de un domador mesiánico por redimir y humanizar a sus pulgas amaestradas, puede leerse como una parodia religiosa de la redención cristiana; una parodia del proyecto nacionalista y civilizador del liberalismo oligárquico; una parodia política sobre las tendencias totalitarias y el mesianismo político de la época. *El jaul* es una reelaboración también paródica y grotesca, impregnada de un humor feroz y corrosivo, del cuadro de costumbres tradicional; el negativo caricaturizado de los estereotipos costumbristas idealizados por el *Olimpo*: la arcadia democrática, el labriego sencillo, la tierra gentil, la familia patriarcal y el país vergel. El texto puede también leerse –si se enfatizan las imágenes y metáforas que remiten al esbozo expresionista de un mundo de pesadilla, deforme y grotesco– como una reflexión pesimista o desencantada sobre la existencia humana en un mundo irreparablemente desgastado por la acción corrosiva del tiempo y de la muerte.

La crítica ha señalado repetidamente la existencia de una marcada tensión entre la temática, tradicional y romántica, de los primeros relatos de Marín Cañas, y su estilo atento a los estremecimientos y convulsiones innovadoras de la modernidad. Como aspectos innovadores en los primeros textos narrativos de Marín Cañas, la crítica ha señalado la aparición de una nueva poética de la vida urbana josefina, que juega con los tipos, marcas, modas y discursos específicos del imaginario transcultural de la ciudad moderna. Parte de esa poética es la mezcla experimental de géneros y discursos disímiles; la superposición de distintos narradores; el estilo "periodístico" o "cinematográfico", entrecortado y convulso; el gusto por las comparaciones insólitas, las metáforas grotescas, las visiones esperpénticas. Sus primeras novelas (*Lágrimas de acero,* 1929; *Tú, la imposible,* 1931) y gran parte de los relatos incluidos en *Los bigardos del ron* (1929) tienen como tema las historias de amor de hombres "tristes", "poetas" o "sentimentales", frustrados por la crueldad o la vulgaridad de la vida y por el "egoísmo humano". El texto, sin embargo, se burla de su propia cursilería romántica o del anacronismo de sus temas, mediante la utilización de diversos procedimientos que parodian o relativizan el valor del discurso romántico, su consistencia "realista" o su verosimilitud, al ponerlos en diálogo polémico con los discursos de la modernidad.

Las novelas de madurez de Marín Cañas (*El infierno verde,* 1935; *Pedro Arnáez,* 1942) introducen en la novelística costarricense nuevos modelos, más complejos, de subjetividad y de relación entre la conciencia y el mundo: una conciencia en crisis o en proceso de formación que se va destruyendo y reconstruyendo, al mismo tiempo que ve quebrarse y ampliarse los contornos del mundo conocido. Este modelo se aparta de la novela de prueba de las primeras promociones, para acercarse a la novela de iniciación o de formación de personaje. Son novelas que se estructuran alrededor de un viaje desde un mundo relativamente cerrado, ordenado y seguro, con límites y normas tradicionales, estables y conocidas, hacia un mundo caótico, desconcertante e incierto, en la periferia de los centros urbanos "civilizados" de la vida nacional. El viaje y el proceso de iniciación tienen doble faz, exterior e interior: el contacto con una realidad exterior periférica, inédita o desconocida –que remite a la experiencia de la barbarie, la guerra o la muerte– lleva a los protagonistas a una toma de conciencia que los obliga a poner en duda sus certezas y a replantear sus relaciones consigo mismos y con el mundo que los rodea. El tema del viaje iniciático a regiones periféricas del territorio nacional o de experiencias síquicas donde se ponen a prueba los estereotipos tradicionales sobre la identidad o la realidad (subjetivas u objetivas) va a predominar, como se verá más adelante, en la novela de la promoción siguiente: la llamada "generación del 40". También en muchas de ellas –especialmente en las de Joaquín Gutiérrez, Yolanda Oreamuno y en algunas de Fabián Dobles– el tema del viaje o de la ruta toma la estructura de una novela de formación o de aprendizaje, donde la experiencia de una realidad exterior desconocida o ajena, desencadena al mismo tiempo un proceso de transformación interior que marca el tránsito de la inocencia a la madurez o de una existencia inauténtica a una existencia auténtica.

Capítulo IV

Reforma, revolución y vanguardia

En fecunda interacción con algunos de los autores de la promoción anterior aparece hacia 1940 un nuevo conglomerado de escritores que pueden ser agrupados en una nueva promoción, la que se conoce tradicionalmente como "generación del 40". Dentro de este grupo figuran los narradores: Carlos Luis Fallas (1911-1966), Adolfo Herrera García (1914-1975), Yolanda Oreamuno (1916-1956), Fabián Dobles (1918-1997), Joaquín Gutiérrez (1918-2000); los poetas: Francisco Amighetti (1907-1998), Arturo Echeverría Loría (1909-1966), Fernando Centeno Güell (1908-1993), Isaac Felipe Azofeifa (1909-1997), Alfredo Cardona Peña (1917-1997), Eunice Odio (1919-1974); los ensayistas: Luis Barahona (1912-1987), Rodrigo Facio (1917-1961).

En la literatura de los años 30, como se señaló, dominaba la imagen de una separación radical entre subjetividad y orden social; en los novelistas de la nueva promoción, junto con la visión crítica de la sociedad y la imagen de una integración problemática del sujeto en un orden social represivo y enajenante, se delinea también la búsqueda de un nuevo orden, formas inéditas de reintegración del sujeto o de reordenamiento del mundo. Se puede decir que si Jiménez y Marín entrevieron en sus textos la premonición del caos, la quiebra del modelo liberal de identidad y la disgregación de la unidad que había tratado de imaginar y representar la generación del *Olimpo*, la de 1940 intenta la búsqueda de otros modelos e imagina otras formas, más complejas y problemáticas –ya no será posible ignorar la experiencia de la ruptura– de reconstituir una nueva unidad, mediante discursos que apuntan a la transformación o la subversión del viejo orden y la búsqueda de nuevas formas de convivencia y relación social.

Algunos de los aspectos relevantes de la estructura de las novelas de 1930 pasarán a ser –según se señaló ya– elementos fundamentales en la estructuración de las novelas de 1940. El motivo del viaje, presente ya en las novelas de Marín Cañas, domina en todas las novelas de esta última década, y funciona como un vehículo adecuado para introducir una ampliación de la imagen restringida del Valle Central como representación metonímica de toda la realidad nacional, que había manejado la novela de principios de siglo; la novela de los autores de esta promoción se abre a nuevas regiones geográficas (las costas del Pacífico y del Caribe, Talamanca, Guanacaste) y a la incorporación de grupos sociales marginados o excluidos en papeles protagónicos (campesinos, clases medias, trabajadores urbanos y bananeros, mujeres, negros, indios). El motivo del viaje, la transgresión de fronteras, el contacto con regiones periféricas y excluidas de la imagen oficial de la nación, se asocia asimismo en algunas novelas con la exploración de regiones de la vida síquica también reprimidas o censuradas por los modelos de conciencia de la novela precedente. Estos últimos aspectos llevan asimismo a la búsqueda de rupturas o innovaciones con respecto al discurso literario anterior, que permitan la introducción y la adecuada representación de esos nuevos ámbitos geográficos, históricos, sociales, ideológicos o síquicos.

Pero no solo los discursos literarios forman parte del complejo entramado ideológico y discursivo que entreteje los textos de esta promoción. Si bien estos textos pueden estudiarse como el producto de un diálogo fecundo con los discursos literarios anteriores y contemporáneos, también pueden leerse como el producto de un rico diálogo con otros discursos extraliterarios que forman parte del contexto social y cultural de la época y que se incorporan de muy diversas formas en estos textos.

En el plano internacional debe tenerse en cuenta el tenso entramado ideológico de la época tras la Guerra Civil española y durante la II Guerra Mundial: liberalismo, fascismo o comunismo, individualismo o colectivismo, capitalismo o socialismo, democracia o dictadura, orden o subversión, eran nociones que se oponían, yuxtaponían o entrelazaban en los diversos discursos ideológicos de esos años, formando inesperados o turbios diseños: según variara el punto de vista ideológico el liberalismo podía verse como símbolo de libertad y democracia o símbolo de desigualdad social y explotación; el comunismo podía verse como símbolo de lucha contra la desigualdad y la explotación o símbolo de dictadura y totalitarismo; el fascismo –con sus vertientes nazista o franquista– podía verse como símbolo de dictadura totalitaria y barbarie fanatizada o símbolo de defensa de la civilización occidental cristiana contra la anarquía y el comunismo ateo. Liberalismo y comunismo, aliados durante la II Guerra Mundial contra el nazifascismo, se convierten en la segunda mitad del siglo en enemigos irreconciliables, separados por una "cortina de hierro", enfrentados en una "guerra fría" que en determinados momentos y regiones se "calienta", y utilizando como instrumento de mutua disuasión y chantaje un armamento nuclear capaz de destruir el planeta.

En Costa Rica, hacia 1940 era obvio que la vieja república liberal cafetalera había hecho crisis y bullen nuevas ideas de reforma política y social. Los jóvenes más radicales se inclinan hacia el comunismo, otros más moderados hacia la socialdemocracia. Con la fundación en 1940 del Centro para el Estudio de los Problemas Nacionales, de donde saldría más tarde el Partido Socialdemócrata, y con el ascenso al poder de Rafael A. Calderón Guardia (1940-1944), quien esboza en su primer mensaje presidencial el núcleo de lo que será la ideología social cristiana, se inicia la inserción del país en el nuevo orden político-ideológico internacional, y se cierra el ciclo del viejo liberalismo oligárquico. La guerra civil de 1948 y la nueva constitución de 1949, que reformaba tímidamente la vieja constitución de 1871 pero introducía un capítulo de "Garantías sociales" y otorgaba finalmente el voto a la mujer, marcaron el inicio de un nuevo período a partir de la década de 1950, dominado por el Partido Liberación Nacional, la ideología socialdemócrata y el "Estado benefactor", que procuraba elaborar nuevas formas de imaginar la identidad nacional, los sujetos y sus relaciones con las instancias del poder y el orden social.

Gran parte de los textos de esta promoción buscaron apoyo en las nuevas revaloraciones críticas, revolucionarias o reformistas, de la realidad nacional formuladas en el discurso político, histórico y sociológico de los años 30 y 40 por comunistas y socialdemócratas, en polémica con el discurso y el Estado liberales. El comunismo costarricense, que jugó un papel fundamental en la organización de los movimientos sociales y populares de esta época y al que, en mayor o menor grado, se acercaron todos los jóvenes novelistas del 40, nunca elaboró una versión sistemática de la historia nacional: se limitó, en el plano teórico, a aplicar a los problemas nacionales la crítica marxista del capitalismo, la propiedad privada y el trabajo alienado, con su fe mesiánica en la organización popular como primer paso para la emancipación revolucionaria de los explotados. El reformismo socialdemócrata, en cambio, ofreció una sugerente reelaboración de la historiografía liberal que no solo subyace en toda la novela agraria, el ensayo y parte de la lírica de 1940 en adelante, sino que pasaría a ser después de 1948 y hasta la crisis de 1980 la nueva versión al uso de la historia costarricense.[4]

Los intelectuales del *Olimpo* se habían encargado de construir hacia finales del siglo pasado, no solamente una imagen literaria de la realidad nacional (lo que se estudió en el Capítulo I) sino también una versión de la historia costarricense acorde con su proyecto económico, político e ideológico. Los héroes de esta historia eran la oligarquía cafetalera y la ideología liberal, abanderados de un proceso que conducía de la pobreza, el atraso, el despotismo y la ignorancia de la Colonia, al progreso, la civilización y el desarrollo de la República. Los héroes de la nueva versión, elaborada sobre todo en los escritos de Carlos Monge y Rodrigo Facio, son los pequeños propietarios campesinos, cuya existencia garantiza a lo largo de la historia nacional un sedimento de igualdad y democracia; el antihéroe pasa a ser la oligarquía cafetalera y la ideología liberal. La fe de los liberales en el mercado como regulador exclusivo de las relaciones sociales conduce, en esta versión, a un proceso de concentración del poder en manos de la elite oligárquica, a un proceso de desposesión, exclusión y marginación de las mayorías populares, y a la entrega del país al capital extranjero (hecho este último ejemplificado en el dominio de la United Fruit Co.).

El papel central que ocupa en las novelas de la década de 1940 el pequeño propietario campesino o el trabajador bananero, representantes de los intereses o la identidad nacionales, enfrentados al Estado liberal, aliado al latifundio y

4 Véase: Molina, Iván. "Los pequeños y medianos caficultores: la historia y la nación. Costa Rica (1890-1950)". *Caravelle* (61) 1993: 61-73.

a la todopoderosa *Mamita Yunai,* como representantes de un poder que construye un orden social enajenado y enajenante, debe tanto a la interpretación de la historia de Monge y Facio como al discurso revolucionario marxista. La crítica[5] había notado en estos textos cierta tensión entre la idealización de la pequeña propiedad o la presencia de elementos de la novela biográfica, que remiten a una ideología individualista, por un lado, y la crítica a la propiedad privada y a los valores de cambio individualistas que remiten a una ideología socialista o comunista, por otro lado. Los grupos populares aparecen como representantes de un trabajo orientado a la sobrevivencia o a la satisfacción de las necesidades humanas: comunidades de sujetos unidos por la ayuda mutua, la colaboración y la solidaridad; opuestos al poder de las relaciones mercantiles y los valores de cambio, que organizan el Estado liberal, el mercado y la gran propiedad: un sistema enajenado de individuos autárquicos o de relaciones humanas donde el valor de los hombres, las ideas y los actos, se mide según la cantidad de dinero que producen o el provecho individual que generan: un sistema donde la afirmación de uno se basa en la negación o la destrucción de los otros. Desde otra vertiente ideológica, afín a lo que más tarde se denominaría socialcristianismo, los ensayos de A. Bonilla ("El costarricense y su actitud política", "Abel y Caín en el ser histórico de la nación costarricense") y de L. Barahona (*El gran incógnito,* 1953) recogían de Monge y Facio la visión idealizada de una "democracia rural" de pequeños campesinos, para ofrecerlos como representantes de una identidad nacional caracterizada por un individualismo atemperado por las tradiciones hispánicas, rurales y agrarias

5 Véase p. ej.: Molina, Carlos y Salas, Edwin. "Pasado y presente en *El sitio de las abras*". *Letras* (6-7) 1980-1981: 160; Ovares, Flora *et al. La casa paterna. Escritura y nación en Costa Rica*. Ed. Universidad de Costa Rica, 1993.

o el sentimiento religioso, que se opondría tanto al autoritarismo oligárquico como al colectivismo comunista.

La búsqueda de los novelistas de esta promoción se orienta básicamente en dos direcciones:[6] una más "social" o "realista", que recoge con intenciones más radicales, subversivas o revolucionarias, la crítica que había iniciado la promoción de García Monge y Carmen Lyra al orden oligárquico; otra más "sicológica" o "vanguardista" que recoge el esfuerzo de la promoción de Marín Cañas y Jiménez por subvertir también el orden de los discursos.

La primera orientación predomina en la novela "social" o agraria de Adolfo Herrera García,[7] Carlos Luis Fallas,[8] Fabián Dobles;[9] una novela que tiene como héroes a campesinos desposeídos de su tierra y su trabajo por latifundistas o especuladores; a trabajadores bananeros y minorías étnicas, que deambulan, como exiliados en su propia patria, por segmentos del territorio nacional bajo el dominio transnacional de la omnipotente *Mamita Yunai.*

Esta primera orientación recoge y reformula la intención realista y formativa de las primeras promociones literarias

6 Véase: Picado, Manuel. *Literatura/Ideología/Crítica.* San José: Ed. Costa Rica, 1983; Ovares *et al*, op. cit.

7 Sobre la novela de Herrera García, véase principalmente: Bogantes-Zamora, Claudio. *La narrativa socialrealista en Costa Rica 1900-1950.* Aarhus (Dinamarca): Aarhus University Press, 1990; Ovares *et al*, op. cit.

8 Sobre Fallas, véase principalmente: Aguilar, Marielos. *Carlos Luis Fallas. Su época y sus luchas.* Ed. Porvenir, 1983; Picado, M. "Carlos Luis Fallas. Visión de conjunto". *Revista Iberoamericana*, 53 (138-139) 1987: 219; Bogantes op. cit.; Ovares *et al*, op. cit.

9 Sobre la novela de Dobles, véase principalmente: Bogantes, op cit.; Ovares *et al*, op cit.; Quesada Soto A. "Tradición y ruptura: la novela de Fabián Dobles". *Memoria del V Congreso Nacional de Filología, Lingüística y Literatura.* Universidad de Costa Rica, 1994: 200.

costarricenses; pero desde una posición ideológica radicalmente opuesta. El campesino pintoresco y folclórico, inmerso en el tiempo cíclico y la organicidad ritual del cuadro costumbrista, se inserta ahora definitivamente en el tiempo lineal de la novela, marcado por las luchas de clases, los conflictos sociales y las transformaciones históricas. Los personajes populares que ocupaban papeles de reparto en las novelas del *Olimpo* pasan a ocupar los papeles protagónicos. En la novela social o agraria del 40 son las formas de vida populares o campesinas las que se conciben como expresión auténtica de la identidad nacional; pero esas formas de vida, en posición de marginación y exclusión, ven amenazadas sus posibilidades de reproducción y existencia, enfrentadas a las costumbres dominantes que garantizan la permanencia del poder oligárquico.

Si en la novela del *Olimpo* la amenaza a la identidad nacional viene de afuera del núcleo dominante, del extranjero o de los grupos marginales, en la novela del 40 se encuentra entronizada en las estructuras del poder y en la simbiosis entre el poder imperial metropolitano y el poder oligárquico (la multiforme *Mamita Yunai*). El poder oligárquico deja de estar asociado a la noción de progreso para pasar a ser el símbolo de la enajenación; la idea de progreso aparecerá ligada en estas novelas a la posibilidad de destrucción revolucionaria del orden establecido, en un proceso dialéctico que debe llevar de la experiencia individual de la desposesión y la enajenación, a la conciencia de clase, a la lucha colectiva por la emancipación de los explotados y a una reforma agraria. Estas últimas etapas aparecen, sin embargo, apenas sugeridas o expresadas de manera conceptual y ensayística en los textos, que se centran más en la denuncia de las relaciones de poder existentes y menos en el delineamiento del futuro utópico previsto.

En todos estos textos priva una concepción de la literatura como literatura comprometida con las luchas revolucionarias; el escritor se concibe también como revolucionario o coadyuvante en un proceso de concienciación y de transformación de la realidad social, que sus textos deben contribuir a aclarar, acelerar y estimular. Su posición con respecto a la literatura se acerca a la estética del llamado "realismo socialista" o –según varíe la terminología de los críticos– del "socialrealismo" (Bogantes) o del "neorrealismo" (Rojas y Ovares). Como toda literatura realista estos textos pretenden ser el reflejo verosímil de una realidad objetiva, aunque a diferencia del realismo costumbrista de principios de siglo, el realismo social procura elaborar un reflejo dialéctico y crítico: rechaza la imagen del mundo que ofrecían las representaciones ideológicas oficiales y construye una imagen crítica, que represente una realidad en proceso de cambio y transformación, marcada por las luchas y conflictos históricos y sociales entre sujetos que se definen según su posición en el entramado de los grupos sociales en lucha por o contra el poder.

Esta novela de orientación "social" busca la ruptura con los límites del discurso literario tradicional, mediante la incorporación de otros discursos sociales o géneros extraliterarios: documentos, testimonios, informes, la crónica o el reportaje periodísticos, el discurso histórico o sociológico, elementos del relato oral. Esos discursos se insertan o integran en el texto literario en un afán por ampliar o subvertir la imagen de la realidad oficial; el papel tradicional de la literatura costumbrista como reproductora de esa imagen; o el papel de la literatura como actividad ubicada en las regiones de lo "poético" y lo "bello", separada de la realidad prosaica y vulgar, para ponerla en contacto con los discursos que organizan la vida popular o cotidiana y las luchas ideológicas, sociales y políticas del momento.

Juan Varela (1939) de Herrera García inserta en el texto literario textos pertenecientes a otros géneros (documentos jurídicos como el título de propiedad y la hipoteca de un terreno) al mismo tiempo que el discurso literario se contamina de elementos del discurso mercantil, financiero y jurídico (precios, especulaciones, notificaciones, pagarés, la ilegalidad y la criminalidad). La novela puede leerse en gran medida como un reportaje periodístico o un testimonio, a lo que contribuyen las constantes referencias (en la dedicatoria o el final del texto y en notas del autor a pie de página) que tienden a difuminar los límites entre la ficción literaria y la "realidad" documental, a procurar que el lector identifique al narrador de la novela con el periodista Herrera García, y al personaje construido en el texto con una persona de la vida "real". El texto de *Mamita Yunai* (1941), como es bien sabido, tuvo su génesis en un informe que, como fiscal del Bloque de Obreros y Campesinos, presentó Fallas a su partido. La novela también puede leerse –y en gran medida así se ha hecho– como un testimonio autobiográfico del escritor, donde reproduce las experiencias que marcan el tránsito de trabajador bananero a dirigente revolucionario. El hecho de que el autor haya agregado en las últimas ediciones de la novela ("a manera de cuarta parte") un discurso político pronunciado con ocasión de una huelga bananera, tiende a difuminar también los límites entre ficción literaria y "realidad", o entre empresa literaria y compromiso revolucionario. El esfuerzo autobiográfico o testimonial marca también las otras obras del autor: las novelas *Gentes y gentecillas* (1947), *Mi madrina* (1950), *Marcos Ramírez* (1952) o los relatos *El taller* y *Barreteros.*

Las novelas de F. Dobles *Ese que llaman pueblo* (1942) o *El sitio de las abras* (1950) deben mucho al discurso sociológico de la época, no solo en la escogencia de una temática centrada en los problemas de la desposesión y proletarización del campesino, sino también en su búsqueda de estructuras literarias más complejas que rompieran los marcos de la novela biográfica centrada en un héroe individual. Dobles introduce en la primera de las novelas mencionadas un héroe colectivo, mediante la yuxtaposición de múltiples historias individuales entretejidas, que ofrecen un amplio fresco de la vida de *Ese que llaman pueblo.* Más tarde se expande, en *El sitio de las abras*, a las amplias perspectivas de una novela épica y a las transformaciones históricas de larga duración, mediante el tratamiento del tema de la desposesión campesina en varias generaciones de una misma familia. En la naciente conciencia de clase del último representante de la familia, se concentra la experiencia acumulada por las vivencias individuales de sus miembros en el pasado, y se integra en la búsqueda de un nuevo lugar donde puedan conjugarse el pasado, el presente y el futuro, lo individual y lo social, la tradición y la revolución.

Pero desde otro punto de vista, la novela "social" es una novela que elabora su denuncia dentro de los cánones de un realismo convencional; procura romper la imagen estereotipada de la realidad nacional, pero sin romper con las convenciones del lenguaje narrativo tradicional, ni experimentar, como lo había hecho la promoción anterior, con nuevos procedimientos narrativos.

Paralelamente a esa primera orientación "social" o agraria anteriormente reseñada, se delinea en los últimos años de la década de 1940 una segunda orientación en la novela más "sicológica" o "subjetiva" de Joaquín Gutiérrez[10] y Yolanda Oreamuno;[11] a esta corriente se podría acercar también la última novela, *Los años, pequeños días* (1989) de F. Dobles. Esta línea narrativa se orienta hacia una escritura novelística que, sin abandonar los presupuestos realistas, en gran medida rompe con los límites y convenciones tradicionales del realismo, mediante la experimentación y la incorporación de nuevas técnicas y procedimientos discursivos provenientes de las literaturas de vanguardia, el sicoanálisis, el montaje cinematográfico, los cortes y traslapes espacio-temporales, el monólogo interior o el flujo de la conciencia. Lo que diseña la subjetividad y el comportamiento de los personajes en estos textos no es solo su lugar en las estructuras económicas y políticas, su posición social o su conciencia de clase, sino también su ubicación –a un nivel menos perceptible y en gran medida inconsciente– en los roles familiares y sexuales; su posición en las configuraciones ideológicas y simbólicas donde se establecen los precarios límites entre uno y lo otro,

10 Sobre la novela de Gutiérrez véase principalmente: Mora, Sonia Marta. "Joaquín Gutiérrez y la culminación de la novela costarricense". *Revista Iberoamericana*, 53 (138-139) 1987: 245. Oviedo, Lucrecia. *Joaquín Gutiérrez novelista*. Ed. Costa Rica, 1993. Quesada Soto, A. *Recepción crítica de la novela de Joaquín Gutiérrez*. Avance de investigación Nª 5, Centro de Investigación en Identidad y Cultura Latinoamericanas, Universidad de Costa Rica, 1995. Bogantes, op. cit., Ovares *et al*, op. cit.

11 Sobre la novela de Oreamuno véase principalmente: Picado, Manuel. *La ruta de su evasión de Yolanda Oreamuno*. Ed. Costa Rica, 1979; Vallbona, Rima de. *La narrativa de Yolanda Oreamuno*. Ed. Costa Rica, 1995; Macaya, Emilia. *Espíritu en carne altiva*. Ed. Universidad de Costa Rica, 1997; Ovares *et al*, op cit.

lo real y lo imaginario, lo que se debe decir, pensar o desear y lo que no se puede decir, ni pensar, ni desear.

Es una novela que procura romper también con la visión objetiva y acabada del narrador omnisciente tradicional. La voz del narrador tradicional que guía al lector, describe, comenta, resume, orienta y valora no desaparece en estos textos, pero pierde su presencia o autoridad únicas y queda relativizada. Las novelas de Gutiérrez y Oreamuno son textos en gran medida polifónicos, construidos mediante el contraste o la mezcla de puntos de vista, planos espacio-temporales, voces, discursos y tonalidades, que se oponen, confunden e intersectan, múltiples y heterogéneos. Son textos que exigen, al mismo tiempo, otro tipo de lector y de lectura: un lector que participe más activamente en un proceso de lectura donde las verdades o los significados no están ya predefinidos, claros y distintos, sino que deben construirse descifrando indicios, voces y signos vagos, ambiguos, desordenados o inciertos.

Los personajes de Joaquín Gutiérrez (*Manglar,* 1947; *Puerto Limón,* 1950; *Murámonos, Federico,* 1973) son seres inacabados, en proceso de formación y aprendizaje, que inician un viaje con doble orientación: hacia el exterior y hacia el interior. Son jóvenes de clase media situados –en lo social y en lo sicológico– en una posición inestable o ambigua con respecto a las instancias que ordenan la identidad subjetiva y el orden social. Son personajes en tránsito espacial, por una parte, desde el mundo familiar de contornos conocidos, protegido y cerrado, del Valle Central, a regiones geográficas periféricas o convulsas del territorio nacional, enfrentados a un mundo desconocido y abierto donde pierden sentido los valores y normas aprendidos y se inicia un agónico proceso de aprendizaje, gestación y destrucción. Son personajes en transición temporal, por otra parte, de la adolescencia a la juventud o la madurez, entre diversas y contradictorias presiones sociales, compulsiones morales y pulsiones sexuales. Es un relato donde el aprendizaje sexual corre parejo con el aprendizaje social o político, y ambos procesos se llevan a cabo en la periferia de la conciencia de los personajes, en el punto donde se trastocan los límites entre impulsos internos y compulsiones externas, donde se gesta el sutil juego de identificación y rechazo con las instancias del poder y la autoridad, con la moral y el orden social, transmitidos por la educación, la religión, la familia o las instituciones económicas, políticas y sociales.

En *La ruta de su evasión* (1949) de Oreamuno la idealización de la familia patriarcal, como símbolo de una sociedad armoniosa, unida por lazos orgánicos y naturales, propia de la novela del *Olimpo,* desaparece por completo; esta novela ofrece una inversión radical del sentido que había dado la novela de principios de siglo a la homología nación-familia.[12] En la novela del *Olimpo* esa homología había servido para idealizar un sistema oligárquico-patriarcal: de la misma manera que el respeto y la obediencia de la mujer y los hijos al padre debían asumirse como garantía de orden y armonía familiares, así el respeto y la obediencia de las mujeres y el pueblo al dominio del patriarcado oligárquico debía asumirse como garantía de orden e identidad nacionales. En *La ruta de su evasión*, por el contrario, la familia patriarcal aparece como el núcleo básico reproductor de un orden social autoritario y enajenante, donde los papeles de sus miembros (padre, madre e hijos, hombre o mujer) se definen jerárquicamente por su relación con el poder arbitrario y castrante del padre.

En *La ruta de su evasión* el enfoque crítico se traslada del poder oligárquico en sus manifestaciones económicas, sociales y políticas, al poder patriarcal en el ámbito más internalizado y menos evidente –aunque no menos extendido,

12 Véase, Ovares *et al*, op. cit., p. 6

enajenante y autoritario– de las relaciones intrafamiliares y de género. Los conflictos sociales se trasladan del ámbito del mundo exterior y público, al ámbito de la vida doméstica y privada, al interior de la familia y la vida subjetiva. Los personajes no se definen por su posición en el sistema económico o político, que configura el orden objetivo y la conciencia social, sino por su ubicación en un sistema patriarcal, que determina la posición del sujeto en las estructuras de género, e instaura la Ley autoritaria del padre y el Logos masculino sobre la sumisión, el silencio y la sinrazón femeninas. La mujer, despojada por las relaciones de poder patriarcales de voz y discurso propio, expulsada del ámbito de los discursos autorizados y públicos, reprimida en el ámbito del discurso doméstico marginal y privado, pasa a ocupar el papel protagónico en este texto que debe por lo mismo subvertir el orden del discurso literario tradicional, para hacer perceptible y representable una voz secularmente silenciada y reprimida. En esta novela la realidad objetiva y el relato organizado según la secuencia lógica de los acontecimientos casi desaparece; el énfasis se traslada del exterior al interior, del lenguaje como instrumento de descripción objetiva al lenguaje como material de expresión subjetiva, de la descripción exterior al monólogo interior.

Al igual que las novelas de Gutiérrez, la de Oreamuno se construye como una novela de formación que se aparta de los personajes acabados del modelo de novela anterior, para diseñar sujetos inacabados, en un complejo proceso de búsqueda y transformación, de transgresión y reelaboración de los límites de la identidad, entre lo propio y lo ajeno, entre la gestación y la disolución. Al igual, por otra parte, que las novelas de Dobles –aunque con procedimientos narrativos muy diversos– *La ruta de su evasión* es una novela que procura romper con los límites de la novela biográfica individual.

El problema de las relaciones patriarcales de poder se configura como un complejo campo de fuerzas donde las figuras individuales se oponen y complementan unas a otras según la posición que ocupen en dos ejes que también se superponen: el eje generacional padres/hijos (donde las figuras de Vasco y Teresa, como posiciones de la vieja generación, se combinan con las de Roberto, Álvaro, Gabriel, Elena y Aurora, como posiciones de la joven generación); y el eje genérico hombre/mujer (donde las figuras de Vasco, Roberto, Gabriel y Álvaro como posiciones del género masculino, se combinan con Teresa, Elena y Aurora como posiciones del género femenino).

El relato de formación de una conciencia en crisis exige también una trama regida por otra lógica: tanto en las novelas de Gutiérrez como en la de Oreamuno, la crítica ha señalado la utilización de diversos procedimientos cercanos al sicoanálisis o el surrealismo, al montaje cinematográfico, a los dispositivos elaborados por Proust, Joyce y Faulkner para desarrollar un discurso que rompe con la lógica mecanicista y objetiva del relato tradicional e introduce un discurso desvertebrado o discontinuo, con cortes espacio-temporales, puntos de vista contrastantes, monólogos interiores y un final abierto que termina donde se inicia una nueva aventura. Es un discurso que por momentos se acerca, ya sea a la lógica de las asociaciones libres e intemporales que rigen las manifestaciones del inconsciente y el mundo de lo onírico; ya sea a la exposición con distintos tonos, matices y variaciones de algunos temas o motivos, propia de la composición musical o lírica. Es un lenguaje que juega con la música de las palabras, las asociaciones inesperadas de imágenes, sensaciones y recuerdos. De la misma manera se diluyen las transiciones entre la voz o la percepción del narrador y la voz o la percepción de los personajes; en gran medida el primero renuncia a su posición jerárquica privilegiada o a su prerrogativa tradicional de describir o definir desde afuera a los otros, para permitir que sea la voz y la palabra propia de los personajes la que ingrese directamente al texto, sin la mediación de una voz ajena que fiscalice, organice y controle. El texto pierde coherencia y unidad, en el sentido tradicional de esos términos, pero adquiere mayor riqueza dialógica, flexibilidad y pluralidad de significados.

La poesía lírica de esta promoción literaria se caracteriza por una nueva conciencia de la modernidad, del desarrollo urbano, de un ser en constante transmutación y un mundo histórico sujeto a cambios acelerados y desconcertantes. La mayoría de estos poetas viven o viajan extensamente por el extranjero, lo que les permite liberarse en gran medida del localismo propio de la poesía costarricense de principios de siglo y familiarizarse con las innovaciones de la poesía de vanguardia española y latinoamericana. Con la notable excepción de Eunice Odio, la poesía de estos autores no llega a plantear una incorporación plena de la vanguardia poética, aunque son ellos los que plantean el rompimiento definitivo con la poesía tradicional y el inicio de la poesía moderna en Costa Rica. En términos generales estos poetas se caracterizan por un neocosmopolitismo, menos clásico y más atento a las convulsiones contemporáneas; por el abandono del localismo provinciano, el rechazo de la imagen tradicional del país vergel con su mundo de contornos armoniosos y cordiales, y un repudio más abierto hacia el lenguaje poético y la retórica tradicionales. Con ellos aparecen los motivos de la soledad urbana y el desamparo existencial, de la precariedad del ser, una sensación de orfandad y de naufragio, que tienen como núcleo ideológico la experiencia de un mundo que se disgrega o se fragmenta, y el ansia de avizorar un nuevo orden o encontrar un nuevo significado a un mundo que se quiebra o se hunde en el caos. En esa búsqueda de un nuevo sentido se configura también un nuevo lenguaje poético: se incrementa el uso del verso libre, el lenguaje coloquial y las cadencias o ritmos de la conversación o la oralidad; la elaboración metafórica es cada vez menos convencional y se acerca al irracionalismo y la novedad vanguardista, con sus asociaciones insólitas y sus piruetas verbales que unen lo disímil o comparan objetos pertenecientes a mundos o áreas semánticas distantes o inconciliables; se incorporan también nuevos niveles del lenguaje correspondientes a áreas reprimidas o censuradas de la vida social o síquica –lo político o lo erótico y sexual– que ingresan en forma transgresora y desinhibida en la poesía costarricense.

Destacan en esta promoción las figuras de Odio y Azofeifa, cuya poesía se caracteriza por expresar una sensación de angustia y pérdida de asidero en el mundo; una reflexión sobre la inseguridad o precariedad del ser; la imagen de un mundo en constante descomposición y recomposición. Es una poesía que expresa una cierta ambivalencia: un sentimiento de desconcierto y angustia frente al paso del tiempo y la presencia de la muerte, frente a una existencia y un orden que se fracturan o desintegran, contrasta con la celebración optimista o alborozada del amor y el sexo, el cambio, el crecimiento y la gestación, la constante renovación y florescencia que vence a la destrucción y a la muerte. La lírica de Odio, Azofeifa y la mayor parte de los poetas de esta promoción, es una búsqueda constante del ser y la identidad, búsqueda caracterizada por la conciencia del tiempo histórico o de la palabra poética como experiencia de lo inefable. El tema de la infancia o del pasado se introduce en algunos de estos textos, ya no con el deseo de revivirlo y conservarlo, sino como base para la indagación y el reconocimiento del propio ser. Es usual en estos autores un cierto extrañamiento en su visión del pasado: el pasado es visto y revisado desde el presente con ojos y lenguaje modernos. La historia personal y la búsqueda de sí mismo se confunde en la poesía de Azofeifa y otros poetas de su promoción, con el cuestionamiento sobre la historia y las transformaciones sociales de su época o la historia del país. Se advierte en este grupo de poetas su conciencia de vivir una época, un tiempo o una situación vital y existencial transitoria e insegura, un mundo o una situación de transformación y metamorfosis. Su lenguaje poético marca también una oscilación entre la retórica tradicional, su deseo de comunicabilidad y comprensión, o la asunción de los lenguajes de vanguardia con su hermetismo y dificultad para el lector no iniciado. Caracteriza, sin embargo, a estos poetas una mayor conciencia de la complejidad de la palabra poética: la palabra pierde su transparencia, su función denotativa o referencial para asumir el esfuerzo, propio de la poesía moderna, por construir su mundo autónomo de símbolos, referencias y significados. Se inicia un proceso que continuará la siguiente promoción poética de ingreso en la poesía moderna, más hermética y autorreferencial, y una desconfianza en el sentido común o el valor consabido de las palabras y las formas usuales de construir significados, para buscar formas más complejas de asociar las palabras y generar sentidos nuevos, imágenes desconcertantes o configuraciones simbólicas inéditas o inesperadas. Sobresale en este aspecto la figura de Eunice Odio, figura excepcional en la poesía costarricense por la consecuencia, la novedad y el rigor con que emprende su exploración en busca de un lenguaje poético tan original y riguroso como deslumbrante, sugerente y rico, donde se mezcla la honda indagación en las vivencias subjetivas con las amplias visiones cosmogónicas.

Para las nuevas generaciones, las figuras de Oreamuno y Odio, por su vida anticonvencional y conflictiva de mujeres rebeldes frente a las convenciones y prejuicios patriarcales;

por su apasionada entrega a la literatura y el carácter experimental e innovador de sus obras, han ido adquiriendo con el tiempo una estatura mítica.

Capítulo V

La "Segunda república"

Tras la guerra civil de 1948 se inicia en Costa Rica un nuevo proyecto nacionalista y un nuevo período modernizador –una "Segunda República", según sus ideólogos, debía sustituir a la obsoleta República Liberal– siguiendo los lineamientos del nuevo orden que se delineaba tras la II Guerra Mundial y el inicio de la "Guerra Fría". En el ámbito interno, el período está dominado por la ideología socialdemócrata, encarnada en el Partido Liberación Nacional, cuyo principal ideólogo sería Rodrigo Facio y cuya principal figura política sería José Figueres Ferrer.

La versión de la historia costarricense elaborada por Facio y Monge oponía, según se vio, la "democracia rural", garantizada por una distribución equitativa de la propiedad, al liberalismo de la oligarquía cafetalera y el "mercado libre", que llevaban a la desigualdad, el latifundio o el control de las empresas y países poderosos sobre la economía nacional. El nuevo proyecto histórico que se desprendía de esta visión del pasado tendía entonces al control de la oligarquía cafetalera y el desmantelamiento de la República liberal oligárquica, mediante la combinación de varios factores: la fundación de un partido ideológico con un nuevo proyecto modernizador; la organización de un Estado Nacional que orientara la marcha de la economía y regulara las relaciones sociales para corregir los desequilibrios del mercado, evitar las desigualdades y controlar el dominio extranjero en áreas y servicios estratégicos; la sustitución del monocultivo del café por una diversificación agrícola y el fomento de la industria.[13] La visión de la historia costarricense se hacía coincidir, en forma coherente, con las teorías keynesianas y el "new deal" entonces en boga, para promover el surgimiento de un "Estado benefactor" y un proyecto de "sustitución de importaciones" que permitiera, a juicio de sus ideólogos, armonizar la modernización capitalista con la justicia social. En el plano ideológico, dentro del contexto de la "guerra fría", la socialdemocracia costarricense, aliada de los Estados Unidos y el bloque capitalista internacional, mantuvo una posición ambigua, de precarias alianzas o enfrentamientos, con los grupos más conservadores –ligados a la vieja oligarquía cafetalera y reunidos en agrupaciones como la ANFE o el periódico *La Nación*– y los grupos más radicales o revolucionarios, afines al comunismo o el socialismo.

A partir de 1948 se abolió el ejército, se perfeccionaron los mecanismos electorales, se nacionalizó la banca, se crearon o fortalecieron una serie de instituciones encargadas de la expansión, a lo largo del territorio, de la educación, la salud y la cultura nacionales, las carreteras y vías de comunicación, los servicios eléctricos y telefónicos, el turismo, mientras otra red de instituciones se encargaba de arbitrar las relaciones entre propietarios y trabajadores o productores y consumidores. Las nuevas oportunidades educativas y sociales, fortalecieron el crecimiento de una clase media y de una sociedad menos estratificada, con mayores opciones de ascenso y movilidad social.

La promoción estatal en el ámbito de la educación y la cultura, así como el papel de la recién fundada Universidad

13 Los mejores expositores del proyecto son el propio Facio en su *Estudio sobre economía costarricense* (1940) y los artículos recopilados en el I tomo de sus *Obras Completas* (Ed. Costa Rica, 1975), y José Figueres en sus *Cartas a un ciudadano* (1956).

de Costa Rica, fueron fundamentales para el auge de la literatura y el teatro en estas décadas. Bajo el patrocinio de la Universidad de Costa Rica se fundó en 1952 un Teatro Universitario, se escribieron las primeras tesis y estudios académicos sobre literatura nacional, y se escribió la célebre *Historia y antología de la literatura costarricense* (1957) –primera versión ordenada y sistemática de la historia literaria nacional– de Abelardo Bonilla. Hacia esta época los autores costarricenses se incluyen por primera vez en los programas escolares de literatura. En 1959 se funda la Editorial Costa Rica, ente estatal que jugó un papel inapreciable en el rescate y difusión de obras del pasado, agotadas o casi inaccesibles, y en la promoción de nuevos autores: por primera vez la literatura costarricense estaba al alcance de todos los lectores, y los autores podían publicar sus textos sin tener que sufragar ellos mismos la edición. En 1970 se fundó el Ministerio de Cultura que ejerció un papel importante en la subvención y promoción del arte, el teatro y la literatura. Poco después se fundan la Universidad Nacional, la Universidad Estatal a Distancia y el Instituto Tecnológico de Costa Rica.

Sin embargo, tras esta fachada de modernización democrática, crecimiento y progreso, se experimentaban también nuevas formas de dominio, corrupción, desintegración y enajenación. El crecimiento del Estado bajo el nuevo proyecto nacionalista y modernizador llevaba al endeudamiento y la dependencia de los gobiernos extranjeros, organismos y empresas transnacionales, que financiaban o controlaban el proceso. El crecimiento del Estado llevaba a la consolidación de un aparato burocrático que se tornaba cada vez más omnímodo, autárquico e incontrolable. En evidente contraste con lo predicado por Facio y los ideólogos de la "Segunda República", el proyecto conducía a la sustitución de la vieja oligarquía cafetalera por una nueva oligarquía de políticos empresarios, burócratas y gerentes, ligados al nuevo proyecto modernizador; el dominio ejercido por el aparato burocrático y el Partido Liberación Nacional llevaba a nuevas formas de "argollismo" o clientelismo, y la incipiente "industrialización" más que a "sustituir importaciones" llevaba a nuevas formas de endeudamiento y dependencia.

En el ámbito cultural, la modernización se percibía también como generadora de descomposición y disgregación social, enajenación, pérdida de valores e identidad nacionales. Por un lado, con las migraciones provocadas por el agotamiento de la frontera agrícola y el nuevo proyecto modernizador, se rompió definitivamente el tradicional equilibrio entre las culturas rural y urbana: la población urbana que alcanzaba apenas el 20% en 1930 llegaba al 40% en 1975; San José pasaba de 150.000 habitantes en 1950 a más de 400.000 en 1973. A partir de 1950 se inicia un crecimiento canceroso, desordenado y caótico, de San José y el área metropolitana, debido tanto a la inmigración incontrolable como a una "modernización" equívoca, que destruyó el patrimonio arquitectónico, desfiguró el perfil de la ciudad y desparramó a los pobladores en barrios residenciales, urbanizaciones y tugurios, que proliferaban en forma caótica y aleatoria por los antiguos potreros y cafetales aledaños.

La educación rural y el alfabetismo que se masificaron a partir de 1950, fueron borrando poco a poco los últimos vestigios de las viejas culturas ligadas a la tradición oral y campesina, alterando radicalmente el perfil tradicional del "concho", representación típica de la identidad nacional en la literatura costumbrista y la memoria colectiva del costarricense. A este proceso coadyuvó la creciente urbanización y la penetración de las nuevas culturas de masas o los nuevos patrones de consumo, ligados a la influencia dominante de la cultura estadounidense –que en estos años va a sustituir definitivamente a Europa como nueva metrópolis cultural– y de medios de comunicación como el radio, el cine y –a partir de 1960– la televisión, que llegaban a ámbitos cada vez más lejanos con el incremento de las redes viales y la electricidad. Nuevos patrones culturales, asociados a las nuevas culturas de masas y a las clases medias y populares urbanas –cuyo estereotipo negativo sería la figura del "pachuco"– se difunden y ganan espacio en la ciudad, ante el desconcierto, la curiosidad o el disgusto de las viejas elites o los intelectuales, quienes veían modificarse vertiginosamente o desaparecer los rasgos físicos y culturales que desde fines del siglo pasado habían caracterizado la fisonomía tradicional del país. En las décadas de 1960 y 1970 las transformaciones ideológicas y culturales se agudizan con el auge, tras el triunfo de la Revolución Cubana, de las ideas "tercermundistas", anticolonialistas y antimperialistas, por una parte, y el impacto, por otra, hacia 1970, de las nuevas culturas "pop" o "contraculturas", los "hippies" y los "beatniks", las rebeliones estudiantiles y juveniles, con su radicalismo irreverente y su rechazo a la educación, la moral y el orden social tradicionales.

La década de 1960 marca el inicio de un renacer en la literatura costarricense, relativamente estancada en los años 50 tras el florecimiento de los 40. Los autores que comienzan a publicar en esta época pueden ser ubicados por su edad y formación ideológico-literaria en diversos grupos, aunque en su producción y en sus actividades literarias interactúan y coinciden cronológicamente como si formaran una misma promoción.

Un primer grupo cuyo período de formación coincide con los inicios del proyecto modernizador de la "Segunda República", estaría conformado por los narradores: Alberto Cañas (1920), Julieta Pinto (1922), José León Sánchez (1929), Carmen Naranjo (1931), Rima de Vallbona (1931), Samuel

Rovinski (1932), Virgilio Mora (1935); los poetas: Arturo Montero Vega (1924-2002), Alfredo Sancho (1924-1985), Mario Picado (1928-1988), Virginia Grutter (1929-2000), Jorge Charpentier (1933-2004), Ana Antillón (1934), Carlos Rafael Duverrán (1935-1995); los dramaturgos: Alberto Cañas, Alfredo Sancho, Daniel Gallegos (1930), Samuel Rovinski; el ensayista Luis Ferrero (1930-2005). Un segundo grupo, cuyo período de formación coincide con las transformaciones ideológicas y culturales ligadas a la Revolución Cubana y las revueltas estudiantiles y juveniles, estaría conformado por los narradores: Fernando Durán Ayanegui (1939), Quince Duncan (1940), Alfonso Chase (1945), Gerardo César Hurtado (1949); los poetas: Jorge Debravo (1938-1967), Mayra Jiménez (1938), Laureano Albán (1942), Julieta Dobles Yzaguirre (1943), Rodrigo Quirós (1944-1997), Alfonso Chase, Carlos de la Ossa (1946), Carlos Francisco Monge (1950); los dramaturgos: Antonio Yglesias (1943), William Reuben (1947).

En el ámbito de la narrativa, una parte de la producción de Cañas (de *Una casa en el Barrio del Carmen*, 1965 a *Los molinos de Dios,* 1992), Pinto (*Los marginados*, 1970; *El eco de los pasos*, 1979; *Tierra de espejismos,* 1991) retoma la vertiente de denuncia o indagación social que había emprendido la "generación del 40", aunque poniendo énfasis en el análisis de las nuevas transformaciones en la vida urbana y el campo que nacían con el nuevo proyecto modernizador, y con una posición ideológica más cercana a la socialdemocracia que al comunismo. Es frecuente en algunos de esos textos la reflexión sobre el desarrollo histórico del país mediante la introducción de personajes y situaciones que ponen en evidencia el contraste entre los ideales patrióticos de justicia y reforma social que guiaron las luchas del 48 y el nuevo orden que se ha venido construyendo, caracterizado por la insensibilidad burocrática, el argollismo, la enajenación y el oportunismo.

A esta misma temática se acercan algunas novelas de otros autores más jóvenes, como Duncan (*Final de calle*, 1979) y Hurtado (*Los vencidos*, 1977).

Las novelas de J. L. Sánchez retoman de la novela del 40 la preocupación por testimoniar –desde el punto de vista de los personajes marginados– ámbitos periféricos de la historia o la vida social: el presidio de San Lucas en *La isla de los hombres solos* (1963), los enclaves mineros de Abangares en *La colina del buey* (1972), o la conquista de México desde el punto de vista de los aztecas en *Tenochtitlan* (1986). Un fenómeno nuevo en la literatura costarricense de este período es la aparición de los primeros escritores afrocaribeños como Duncan o la poetisa Eulalia Bernard (1935). En relatos y novelas de Duncan como *Hombres curtidos* (1973), *Los cuatro espejos* (1975), *La paz del pueblo* (1979), la historia, la vida y la cultura afrocaribeñas o los problemas raciales, se enuncian por primera vez en la literatura costarricense desde el punto de vista de un escritor negro. Con procedimientos narrativos innovadores y una agresividad verbal inusitada en la literatura costarricense, las novelas de V. Mora exploran también fenómenos de marginación urbana, ligados a la locura, el sadomasoquismo, la represión social, síquica y sexual, en varios relatos y novelas que se inician con *Cachaza* (1977).

Las transformaciones en la vida, los sujetos, discursos y culturas urbanas, la mentalidad burocrática, las nuevas variantes del poder, la enajenación y la incomunicación se exploran, recurriendo a complejas combinaciones discursivas o técnicas novedosas y experimentales, en *Ceremonia de casta* (1976) de Rovinski y sobre todo en la amplia, innovadora y rica producción narrativa de Carmen Naranjo, donde sobresalen las novelas *Los perros no ladraron* (1966) o *Diario de una multitud* (1974), amén de numerosos cuentos. La incorporación de áreas de la vida social censuradas en el discurso literario tradicional (el ámbito de la vida sexual, lo escatológico e indecente, el mundo de la prostitución o el alcoholismo, lo que por decencia no se dice ni escribe públicamente) o la apropiación de los nuevos discursos urbanos del "pachuco" o el lumpen marginal, comienza a aparecer en textos de Mora (*Cachaza, La película,* los cuentos reunidos en *La distancia del último adiós*), en algunos cuentos de Chase incluidos en *Mirar con inocencia* (1975), o en la serie de relatos testimoniales, de escasa pretensión literaria pero de gran difusión en la década de 1970, de Alfredo Oreamuno (*"Sinatra").*

En concordancia con el nuevo papel que la mujer comienza a jugar en la sociedad a partir de 1949, al ser incorporada como ciudadana plena con derecho a voto, aumenta sustancialmente la presencia femenina en la literatura costarricense contemporánea. Las figuras femeninas, excepcionales en la literatura de los dos primeros tercios del siglo, ingresan masivamente a la literatura en el último tercio. Una parte de la producción narrativa de estas décadas se preocupa por explorar los temas de la vida familiar, la discriminación sexista o las relaciones de género, desde la óptica de la mujer y la percepción femenina, en varias novelas y relatos de Pinto (*Si se oyera el silencio,* 1967; *La estación que sigue al verano,* 1969), Vallbona (*Noche en vela,* 1968) o Naranjo (*Sobrepunto,* 1985).

Entre el grupo de autores más jóvenes que se forman bajo el influjo de las revueltas juveniles y estudiantiles, en las novelas *(Los juegos furtivos,* 1968; *Las puertas de la noche,* 1974) y algunos cuentos de Chase, o en las novelas de Hurtado (*Irazú,* 1972; *Los parques; Así en la vida como en la muerte,* 1975; *Libro brujo,* 1998), es frecuente el tema del joven o el adolescente en búsqueda problemática de su identidad en un mundo cuyas normas y valores se perciben como extraños u hostiles a la subjetividad de los protagonistas. Predomina en estas novelas la temática –por otra parte frecuente en toda la literatura de la época– de la soledad, el desarraigo, la incomunicación, el rechazo al orden social o los valores de los padres y ancestros, de los que se sienten exiliados o ajenos los jóvenes protagonistas.

Otra línea narrativa de esta época, que desarrolla una temática poco frecuentada por la literatura costarricense anterior, es la literatura fantástica o la literatura de intención lúdica, que juega –mediante recursos como el desdoblamiento, la ironía, la sátira o la parodia– con las convenciones que determinan los límites entre diversos géneros y discursos, entre uno y los otros, el tiempo y el espacio, la realidad y la ficción, lo serio o trascendental y lo cómico o intrascendente, en numerosos relatos de Durán, algunos textos de Chase, las últimas novelas de Mora o la novela póstuma de Mario Picado *Lino XIX*.

En toda la narrativa de esta época se profundiza la brecha, que se había venido ensanchando a lo largo de la historia literaria costarricense, entre subjetividad y orden social. Las instancias del poder, sus mecanismos de dominación o enajenación, se manifiestan cada vez más difíciles de determinar y representar pues pasan de identificarse con figuras o instituciones fácilmente ubicables en el mundo objetivo –como el estado, el mercado, el latifundio, las bananeras– a identificarse con estructuras más difíciles de percibir conscientemente, pero igualmente represivas y omnímodas –como el patriarcalismo, la burocracia o los sistemas de control ideológico– que tienden a trasladar los conflictos desde la realidad objetiva a la subjetividad misma del personaje. La relación subjetividad/orden social se torna más compleja, sus límites tienden a disolverse en un abigarrado juego discursivo donde es difícil reconocer las fronteras entre lo "propio" y lo "ajeno", lo subjetivo y lo objetivo, lo real y lo imaginario.

La mayor parte de estos autores, cuyos textos coinciden con la difusión del llamado "boom" de la nueva narrativa latinoamericana, se caracterizan por la búsqueda de procedimientos innovadores o experimentales de escritura. Es frecuente experimentar con las instancias de la narración: tiende a desaparecer el narrador tradicional, omnisciente y objetivo, sustituido por diversos recursos que van desde la desaparición del narrador en algunas novelas de Naranjo, construidas exclusivamente mediante el diálogo o la yuxtaposición de voces anónimas y deshilvanadas, hasta la mezcla de distintas instancias narrativas, los cambios de narrador o el uso de narradores múltiples, que ofrecen puntos de vista o visiones yuxtapuestas y contrastantes. También es característico de esta promoción, los cortes y montajes espacio-temporales que transmiten la imagen de una realidad fragmentada, múltiple o heterogénea, imposible de aprehender como una unidad o totalidad organizada y coherente. A esto mismo coadyuva la experimentación con los discursos que traducen la expresión "en bruto" (no pulida o codificada) de la vivencia subjetiva, ya sea mediante el monólogo interior o la asociación más o menos libre de recuerdos, ocurrencias, palabras, sensaciones e imágenes.

En la mayor parte de estos autores –especialmente en Naranjo, Picado, Rovinski, Mora, Durán, Hurtado– se percibe también un tipo de escritura que exige un nuevo tipo de lector: estos textos buscan la complicidad o la participación activa del lector en la interpretación de los signos, ya sea por medio de la provocación o el desconcierto, mediante la ruptura violenta con las convenciones y protocolos del sentido común o la sindéresis; ya sea mediante la ruptura con los criterios tradicionales de verosimilitud, la combinación de diversos planos de realidad o de lo real y lo imaginario; ya sea mediante el juego con recursos como el humor, la ironía o la parodia, la mezcla de lenguajes o géneros que por su naturaleza apuntan a la ambivalencia, la incertidumbre, la duda en cuanto al "verdadero" significado de lo enunciado o escrito, de lo que "se quiso decir" en el texto. Todo esto traduce la experiencia de sujetos cuya relación consigo mismos o con el mundo es frustrante y dolorosa, la sensación de enfrentarse a un mundo desarticulado y alienante, un mundo donde domina la incoherencia, la contingencia o la banalidad, las asociaciones o combinaciones aleatorias de vivencias y objetos sin nexos sólidos o causales estables, el absurdo y el sinsentido.

La actividad teatral costarricense, casi desaparecida durante las décadas de 1930 y 1940, experimenta un renacimiento a partir de la década de 1950 y alcanza un auge en la década de 1970. La dramaturgia de estos años encontró un importante soporte material en la actividad entusiasta de un grupo de jóvenes aficionados que fundaron el Teatro Universitario y el Teatro Arlequín en la década de 1950. Su entusiasmo llevó a que un grupo de jóvenes escritores se interesara por el teatro: bajo el alero de esos grupos surgieron los más importantes dramaturgos de la segunda mitad de este siglo: Cañas, Gallegos y Rovinski. A ellos podría asociarse la figura fugaz de Sancho, quien puede ser considerado el iniciador del teatro experimental en Costa Rica con obras como *Débora* o *Los alcmeónidas.*

El teatro de Cañas constituye, con respecto a la dramaturgia de la primera mitad del siglo, un primer esfuerzo por sacar la producción dramática costarricense de los convencionalismos discriminatorios que identificaban la vida nacional con los estereotipos costumbristas, o que establecían una férrea oposición entre lo universal y lo nacional. En *La Segua* (1971) o *Uvieta* (1980) toma motivos poéticos del folclor y las leyendas populares para elaborar parábolas filosóficas sobre la vanidad o el poder de las convenciones que rigen nuestras imágenes de la realidad. Cañas, quien reconoce en Pirandello a su maestro, ofrece una mirada irónica sobre el mundo y juega con los distintos significados que adquieren los hechos al variar las perspectivas o relaciones convencionales: "en toda mi obra –afirma– hay un afán por mostrar que las cosas no son como parecen y que las personas no son lo que parecen".[14] *Ni mi casa es ya mi casa* (1982) se sale de la línea usual en el teatro de Cañas, y se emparienta más bien con la temática de algunas de sus obras narrativas, al intentar ofrecer un panorama del desarrollo histórico costarricense de la primera mitad del siglo, desde una perspectiva nostálgica por el paraíso perdido de las relaciones y valores tradicionales.

El teatro de Daniel Gallegos a pesar de una aparente indiferencia por la problemática nacional o la realidad inmediata, plantea conflictos morales, sociales y políticos muy cercanos e inquietantes para el espectador contemporáneo. Su obra se podría dividir en dos etapas. La primera, reúne piezas como *Los profanos*, *Ese algo de Dávalos* y *La casa* que analizan los conflictos del artista o el joven sensible, en choque con las convenciones sociales y los ritos familiares del mundo burgués donde se desenvuelven. La segunda etapa, bajo la influencia del teatro de la crueldad y el teatro del absurdo, se inicia con *La colina* (1968), obra cuyo estreno provocó el escándalo de los censores, las autoridades religiosas y los guardianes de la moralidad y las buenas costumbres. Esa segunda etapa se extiende hasta piezas como *En el sétimo círculo* y *Punto de referencia*, llevadas a escena en la década de 1980. Son obras en las cuales una situación límite, que rompe con el orden habitual en la vida de un grupo de personajes, se toma como base para explorar, con descarnada lucidez y violencia, la validez o la legitimidad de las normas morales

14 Herzfeld y Cajiao 1973: 23.

que rigen las relaciones entre diversos grupos sociales, generaciones o parejas.

En la dramaturgia de Rovinski se delinean dos vertientes temáticas, que en ocasiones se interrelacionan y fecundan. Una primera vertiente recoge el gusto por el lenguaje y la vida popular que había venido desarrollando desde principios de siglo el sainete costumbrista, para adaptarlo a la crítica social y política de situaciones contemporáneas. Esta vertiente se inicia con *Gobierno de alcoba* (1967) y *Las fisgonas de Paso Ancho* (1971), obra que tuvo un éxito singular y jugó un papel determinante en el acercamiento del público popular a las salas. La obra fue llevada a escena en varias ocasiones y recorrió, con un éxito sin precedentes, los barrios y suburbios capitalinos. La segunda vertiente manifiesta su preocupación por los temas políticos y sociales, y explora las relaciones conflictivas entre el individuo, las estructuras sociales y las instancias del poder. Dentro de esta vertiente se ubican algunos de sus primeros textos dramáticos como *La Atlántida* o *El laberinto.* En la década conflictiva y crítica de 1980 se estrenan tres obras dramáticas de este autor: *La víspera del sábado, Gulliver dormido* y *El martirio del Pastor.* Son obras de estilo, factura y temática muy diversas, pero muestran como rasgo común la preocupación por las consecuencias destructoras y deshumanizantes de la intolerancia, la violencia o la represión de unos contra otros, por razones políticas, culturales o ideológicas.

Un cambio sustancial había empezado a generarse en la actividad teatral costarricense hacia 1970. Varios factores vienen a incidir en estas transformaciones. Por una parte, la política estatal de apoyo a la cultura que lleva a la fundación de escuelas de Artes Dramáticas en las universidades y de una Compañía Nacional de Teatro en 1971. A esto habría que aunar la afluencia al país de actores y directores extranjeros, la mayoría exiliados, que provienen de países con mayor tradición teatral y aportan una sólida preparación profesional. Estos hechos coinciden con la irrupción en la escena costarricense de una joven generación de teatreros, bajo la influencia de los movimientos estudiantiles y revolucionarios de la época, que introducen una mayor conciencia crítica y una actitud de ruptura con respecto a los mitos oficiales y las convenciones sociales, culturales e ideológicas dominantes en el país. Es a partir de esta época que se puede hablar de un teatro profesional en Costa Rica, con actores y directores que dedican su vida a la práctica o a la enseñanza del teatro. Aparece también una nueva dramaturgia, más osada e irreverente en la denuncia política y social, que busca romper con los moldes del realismo tradicional para incorporar nuevas formas de expresión dramática, cercanas al distanciamiento brechtiano, el teatro del absurdo o la creación colectiva, así como nuevas técnicas de representación teatral que modifican la escenografía tradicional, introducen la utilización de elementos audiovisuales, el distanciamiento, música y canciones, la expresión corporal, la mascarada o la pantomima.

Entre estos primeros rompimientos de la nueva generación se ubican los textos y los montajes de Yglesias, autor de *Las hormigas* (1969), *Pinocho Rey* (1974) y *El gran Tividavo* (1980), sátiras paródicas y grotescas que denuncian los instrumentos del poder, la dominación política, la programación y la manipulación ideológicas. Con estos textos se emparienta *Teófilo Amadeo* (1970), única obra de Reuben, llevada a escena por Yglesias en un provocativo montaje que utilizaba efectos audiovisuales, deformaciones grotescas, música y canciones, para ofrecer la biografía de un hombre "normal", es decir, normado y deformado, ya desde antes de su nacimiento y en todas las etapas posteriores de su vida, por los ritos, mitos y represiones de la educación y la moral burguesas. En esta línea de denuncia política, crítica social y experimentación técnica y formal, se ubican también las creaciones colectivas del grupo Tierranegra: *La invasión* (1973) y *1934* (1977), obras que recurrían a la representación de hechos históricos con un propósito subversivo, desmitificador y de denuncia. También dentro de esta línea se ubica la adaptación teatral llevada a escena por Tierranegra de la novela testimonial de Luisa González *A ras del suelo* (1974) sobre la vida de una familia de los barrios marginales urbanos. Es de notar, sin embargo, que el auge vertiginoso del movimiento teatral en la década de 1970 no produjo una dramaturgia paralela de igual fuerza, que pudiera compararse con el trabajo de Cañas, Gallegos o Rovinski. La mayor parte de los nuevos dramaturgos escribieron una o muy pocas obras y abandonaron rápidamente la producción dramática.

El ensayo en el sentido tradicional del término, tiende a disminuir en los últimos años, sustituido por la investigación científica o el estudio de corte académico proveniente de profesores universitarios. En la línea del ensayo tradicional destaca la figura de Luis Ferrero, prolífico autor de muy variados trabajos que abarcan desde la Costa Rica precolombina y el folclor, la vida y la obra de su maestro García Monge, hasta la cultura, el arte y la literatura costarricenses de los siglos XIX y XX.

La poesía lírica de estos años se emparienta en alguna medida con las búsquedas emprendidas por la narrativa y el teatro. En la producción lírica se pueden advertir dos líneas estético-ideológicas, que con frecuencia, sin embargo, se entrecruzan y fecundan la una a la otra: una más subjetiva, hermética o autorreferencial, y otra más orientada por la denuncia o la referencia a la realidad social y las transformaciones históricas, preocupada por la recepción y la accesibilidad a un público más amplio. En términos generales, la primera predomina en el grupo de los poetas de mayor edad (con excepción de Montero y Grutter), y la segunda predomina en el segundo grupo (con excepción de Quirós y el primer Chase), formado bajo el influjo de las ideas revolucionarias y las revueltas juveniles. Los límites entre ambas líneas son fluctuantes y con frecuencia se entrecruzan, incluso en la producción de un mismo poeta. En términos generales también, la primera línea predomina en los textos publicados en la década de 1950 y principios de 1960; la segunda predomina en los textos publicados a finales de la década de 1960 y en la de 1970. El predominio de la segunda línea sobre la primera en esos últimos años se puede atribuir tanto al entusiasmo revolucionario de la época como al influjo determinante de Jorge Debravo quien, a pesar de su muerte prematura en 1967 a los 29 años, logró convertirse en el poeta más influyente y el de mayor difusión en la historia de la poesía costarricense.

Con esta nueva promoción culmina el proceso, iniciado por los poetas del período anterior, de incorporar a la lírica costarricense las tendencias más importantes de la poesía contemporánea: a la asimilación de novedosos poetas modernos como Rilke, Elliot, Pound, Brecht, se aúna la asimilación de la vanguardia española (Lorca, Alberti, Aleixandre, Diego) y la hispanoamericana (Huidobro, Vallejo, Neruda, los vanguardistas nicaragüenses).

Entre los poetas de la primera línea predomina la reflexión sobre la situación inestable del sujeto en un mundo moderno en proceso vertiginoso de cambio y disgregación. Se acentúa la conciencia de la modernidad y del carácter inorgánico, fracturado o fragmentario, de la existencia en la vida urbana contemporánea. Se acentúan también los temas del absurdo, la incomunicación, la angustia existencial, el contraste o la pérdida de límites entre el deseo o el sueño y la realidad. El tema del erotismo se retoma con frecuencia para expresar el deseo de comunicación o la búsqueda de identidad, unidad y orden, en un mundo que se percibe desde la subjetividad como un mundo inorgánico, dislocado o degradado; en los poemas juveniles de Antillón y Grutter el tema erótico y la búsqueda de su propia voz poética se funde con la exploración del cuerpo o la sexualidad femeninas: en un ámbito donde la expresión pública de la sexualidad era exclusivamente masculina (y aun así muy censurada), esos poemas adquirían una novedad subversiva. La experiencia del absurdo y la enajenación con respecto a un mundo dominado por relaciones estereotipadas, triviales o banales, lleva en algunos casos a fortalecer un humor lúdico, escéptico o irreverente, que juega con la desconstrucción paródica de los lugares comunes, los eslóganes comerciales, las frases hechas, las fórmulas convencionales de comunicación y producción de sentido.

En el aspecto formal esta promoción marca un alejamiento definitivo de la poética tradicional y se caracteriza por una rebelión contra el lenguaje poético, la versificación y la retórica o las formas usuales de producir y transmitir significados. Gran parte de estos poetas se caracterizan por un cierto prosaísmo, perceptible tanto en el léxico, la prosodia y la sintaxis, más cercanas a la expresión oral y al habla cotidiana, como en la utilización de temas y asuntos "prosaicos" o corrientes, sin prestigio o rango "poético". En algunos casos, como se señaló antes, aparece el uso paródico de referencias al mundo de la publicidad, el comercio, los deportes, las muletillas verbales o frases hechas, lo contingente y trivial. En correlato con la experiencia del absurdo, la incomunicación, el desamparo espiritual o existencial, en un mundo que se disgrega en la incoherencia, la intrascendencia o la trivialidad, se incrementan en estos autores los recursos que remiten a las rupturas ultraístas o creacionistas con el lenguaje convencional, las piruetas verbales, las metáforas que establecen nexos inusuales, irracionales, absurdos o grotescos entre elementos aparentemente inconciliables, el uso de neologismos o de combinaciones sintácticas o semánticas desconcertantes.

En los poetas de la segunda línea –el modelo paradigmático es Debravo– predomina en los años setenta la poesía de intención social. La innovación se orienta hacia la búsqueda de un lenguaje en donde la novedad y la experimentación, la crítica a la retórica y la poética tradicionales, no tienda a un hermetismo que dificulte la comprensión y la comunicación con el lector, sino más bien tienda a una sencillez y pureza expresivas: aspira a una visión original o primigenia del mundo, liberada de las ataduras del poder que organizan y determinan las relaciones y significados convencionales. De aquí que abunden en estos textos las palabras que remiten a lo elemental, vital y puro, como el aire, el pan, el agua, la tierra; de aquí que sea frecuente en ellos el tópico de la revolución como emancipación de los valores de cambio mercantiles, las relaciones de propiedad y explotación, y la afirmación utópica de un mundo regido por los valores de uso, el amor, el trabajo, la fraternidad. Se incrementa la simplificación expresiva del lenguaje y aumentan los rasgos coloquiales, los prosaísmos, los recursos expresivos que remiten a la invocación, la exhortación o el diálogo con un "tú" –que puede ser la amada, el camarada, el trabajador o el "hermano hombre"– ubicado en un plano de relación cercana y cotidiana con el "yo" del poeta, que tiende a fundirse con ellos en un "nosotros los hombres". Las temáticas de la angustia y el desamparo existenciales o la incomunicación, siempre presentes, se ven mitigadas en la producción lírica de estos autores por una especie de optimismo histórico que los ve como aspectos negativos de una dialéctica donde prevalecen, en el polo opuesto, los tópicos del amor, la vitalidad, la fecundidad, la solidaridad, asociados a la esperanza en el futuro, la revolución o la reformulación del mundo sobre nuevas bases.

Esta última promoción literaria –especialmente los autores nacidos en la década de 1940– viven la experiencia de un mundo complejo y cambiante: viven, a lo largo de su vida, el auge y la decadencia de la "Segunda República", y el auge y la decadencia de las esperanzas reformistas o revolucionarias que se comenzaron a gestar en las décadas de 1930 y 1940. Formada durante el ascenso de los ideales revolucionarios y las utopías juveniles de los años sesenta, esta promoción experimenta durante su madurez la crisis de los ochenta, la derrota de los ideales revolucionarios, el "fin de las utopías", el imperio del nuevo capitalismo globalizado, la ideología neoliberal y el "posmodernismo" escéptico, cínico y desesperanzado de fines del siglo XX. De aquí que sea esta una promoción literaria heteróclita, compleja y cambiante, que oscila –de un autor a otro y de un texto a otro de un mismo autor en distintos momentos– entre el entusiasmo y la esperanza o el escepticismo y el desencanto.

Capítulo VI

GLOBALIZACIÓN Y POSMODERNIDAD

Las últimas dos décadas del siglo XX gestaron en Costa Rica, como en todo el planeta, cambios radicales y vertiginosos en todos los ámbitos; cambios que revolucionaron las formas consabidas de imaginarse a sí mismo, como sujeto o como ciudadano, y de situarse en la sociedad o el mundo.

En el ámbito político la década de 1980 llevó, en sus inicios, a un agudizamiento de los conflictos enmarcados en la "guerra fría" y al auge de procesos revolucionarios en Nicaragua, El Salvador y Guatemala; más tarde, al terminar la década, esos procesos se revierten hacia un paulatino decaer de las ideologías políticas revolucionarias, tras el derrumbe del llamado "socialismo real" en la Unión Soviética y los países de Europa Oriental o las luchas internas, divisiones y fragmentaciones de los partidos comunistas o socialistas. Se anuncia entonces el fin de la "guerra fría" y, según algunos, el "fin de la historia", el "fin de las utopías". Según esas apreciaciones se iniciaba un proceso de "globalización" que diluía las fronteras nacionales y unificaba, bajo el signo del neoliberalismo, a un mundo organizado por el poder del capital transnacional como un único mercado global.

Ese proceso político coincidió con la crisis económica que estalló con fuerza hacia 1980. Los efectos de la crisis fueron especialmente fuertes y duraderos en toda América Latina y el llamado "Tercer Mundo". La imposibilidad para los países pobres de pagar, en las nuevas condiciones, la deuda externa contraída en la época de auge de las finanzas mundiales, fue utilizada por las metrópolis acreedoras para trasladar a los países deudores los efectos de la crisis y de paso –aprovechando el desconcierto político– desarticular los movimientos "tercermundistas". Bajo la nueva ideología neoliberal dominante, se impuso una serie de "ajustes estructurales" que en gran medida condicionaban la sobrevivencia económica de los países pobres a ceder en sus pretensiones de soberanía nacional, y adoptar esquemas elaborados en las metrópolis e impuestos por organismos financieros internacionales. En términos amplios, el "ajuste" implicaba la sustitución del Estado Nacional o el "proteccionismo", por el Mercado Mundial o la "competencia", como principios reguladores de la sociedad; el estímulo de la inversión e importación extranjeras y el desestímulo de la producción nacional no orientada a la exportación; la privatización de instituciones públicas o el traslado de algunas de las principales funciones estatales a empresas privadas (ligadas en la mayoría de los casos al capital transnacional); la reorientación de la inversión social (educación, salud, cultura, pensiones, pequeña empresa) al fomento de nuevas actividades financieras y especulativas o de las nuevas empresas y empresarios globalizados. En gran medida, el proyecto globalizador constreñía a los países pobres, como única forma de sobrevivencia, a convertirse en terrenos abiertos a la especulación, el tráfago de capitales y el lavado de dinero, o en consumidores de productos importados, y en suplidores de mano de obra barata y sumisa para el mercado internacional y sus intermediarios criollos, una nueva oligarquía "globalizada" de empresarios, políticos y tecnócratas. Entre las principales consecuencias del "ajuste" se señala el logro de una cierta estabilidad macroeconómica a un precio social muy alto: la enajenación o el empobrecimiento de las grandes mayorías y el decaimiento en los servicios públicos, contrasta con el surgimiento de una nueva oligarquía, una poderosa y rica elite político-empresarial, desvinculada del resto del país, que adapta la ancestral oscilación de las elites entre nacionalismo y cosmopolitismo a una nueva mentalidad *globalizada,* y procura "modernizar" el Estado Nacional para ponerlo al servicio del nuevo mercado mundial.

Más allá del ámbito de los discursos político y económico, el concepto de "globalización" se encuentra también asociado al vertiginoso desarrollo de la tecnología, la informática y la comunicación en los decenios finales del siglo. Las nuevas tecnologías y la informática transformaron la producción y el consumo de bienes y servicios, hicieron surgir una "realidad virtual" o un "ciberespacio" ubicuo, liberado de las fronteras geográficas o nacionales y las constricciones del tiempo y el espacio objetivos, y contribuyeron, junto con la globalización económica y política o el impacto de las nuevas culturas de masas, a modificar los criterios establecidos de imaginar o simbolizar la realidad y a trastocar una de las formas tradicionales –ligada al Estado, la Nación o la cultura vernácula– de construirse como sujeto, de procurarse una identidad y definirse en relación consigo mismo, la sociedad y el mundo. Según algunos, los sujetos dejaban de considerarse como *ciudadanos* para concebirse como *consumidores,* mientras las culturas locales serían sustituidas y uniformadas por una cultura de masas globalizada.

Basados en las ingentes transformaciones del período, pensadores e ideólogos de diversas tendencias proclamaron el fin de una época histórica, la Modernidad –que abarcaría desde el Renacimiento o la Ilustración hasta finales del siglo XX–, y el inicio de una nueva época: la Posmodernidad. Según esas ideas, los cambios y rupturas del fin de siglo habrían puesto en duda los supuestos básicos de la Modernidad: la afirmación de una esencia o una naturaleza que determine la identidad de los objetos a través de sus múltiples transformaciones; la fe en la causalidad, la evolución o el progreso, que asigna a los hechos un sentido, un origen y una finalidad; el realismo o la creencia en una realidad objetiva concebida como totalidad coherente que puede ser representada y transformada por medio del lenguaje y la razón. La Posmodernidad pondría en duda esos presupuestos básicos de la Modernidad, que pasarían a ser simples "relatos" o convenciones, válidos no por su valor de "verdad", sino por su funcionalidad o efectividad pragmáticas para imponer el control de la ley, el orden y la razón, sobre el deseo, la heterogeneidad y el azar. Por otra parte, diversos planteamientos desde disciplinas varias como la semiótica, el sicoanálisis, la filosofía, la crítica literaria, la sociología, la historia o los estudios culturales y de género, habían venido poniendo en duda las divisiones convencionales entre lo real, lo imaginario y lo simbólico, entre lenguaje o representación y realidad, entre objetividad y subjetividad, al estudiar problemas complejos como las mediaciones del poder o el inconsciente en la construcción de la subjetividad y la alteridad, o la mediación de los lenguajes, signos e ideologías, las prácticas discursivas o culturales, en la forma como los sujetos construyen su propia imagen y la imagen del mundo en que viven o sus patrones de comportamiento e interacción.

Tanto las teorías de la "globalización" como las de la "posmodernidad" generan diversas interpretaciones y valoraciones: acusadas por unos de "neoconservadoras", por su tendencia a uniformar las unidades distintas bajo un poder global, o "neofascistas", por un relativismo que tiende a confundir la validez con la eficacia; son defendidas por otros como críticas o revolucionarias, por su tendencia a la emancipación, la diseminación y la ruptura de las unidades, sentidos y convenciones tradicionales. Es un hecho, sin embargo, que bajo el influjo de esas teorías y el decaimiento del marxismo o el socialismo ortodoxos, las reflexiones críticas o contestatarias en las humanidades se desplazan en este fin de siglo, del análisis de las estructuras sociales o las ideologías políticas, hacia el ámbito de las prácticas culturales y discursivas, la ecología, el sicoanálisis, los estudios de género y los derechos de las minorías culturales o sexuales.

En el ámbito costarricense, en las dos últimas décadas del siglo XX, los fenómenos ligados a la "globalización" o la "posmodernidad" replantearon desde nuevas perspectivas los viejos problemas, ya crónicos, asociados con los diversos proyectos "modernizadores" –el liberal o el socialdemócrata– a lo largo del siglo: la enajenación, el aumento excesivo del aparato estatal y la burocracia, el endeudamiento, el crecimiento macrocéfalo y canceroso del área metropolitana, las migraciones internas y externas, la contaminación o destrucción del ambiente, la penetración inasimilable de una cultura de masas cada vez más omnipresente, el decaimiento de la solidaridad o el diálogo y el incremento, junto con la cultura de la competencia y del mercado, de un individualismo autárquico, la agresividad y la violencia.

La crisis de 1980, los movimientos revolucionarios y las estrategias contrarrevolucionarias en Centroamérica durante esa década, que hicieron oscilar el país –en medio de una histeria protofascista– entre la paz y la guerra, la "neutralidad" y la ocupación militar solapada, así como los fenómenos ligados a la "globalización", han generado una metamorfosis radical –cuyo resultado es aun incierto– de la Costa Rica que se había venido construyendo a lo largo del último siglo, y quebraron la imagen que los costarricenses se habían forjado de su relación, como sujetos o ciudadanos, con su país o de su país con el mundo. Por otra parte, los discursos ligados a los puntos de vista "posmodernos" permitieron también plantear, desde una posición distanciada, desencantada o transgresora, la reivindicación de las culturas marginales y contraculturas, la revisión crítica de los mitos y construcciones ideológicas o culturales que sirvieron de base a los estereotipos y comportamientos difundidos por el nacionalismo y la cultura oficiales a lo largo del siglo XX.

En estas décadas se inicia, bajo el dominio del neoliberalismo, aunque con ingentes resistencias desde otros ámbitos, un nuevo proyecto modernizador que en gran medida invertía los términos del proyecto propuesto por los ideólogos de la "Segunda República". En la nueva versión neoliberal de la historia costarricense, el papel de héroe recae sobre la empresa privada, a la que se asocian las nociones de libertad, riqueza, progreso y eficiencia; el papel de antihéroe pasa a ser desempeñado por el Estado Benefactor, al que se le atribuyen las nociones opuestas: monopolio y corrupción, endeudamiento, demagogia, burocracia, ineficiencia. Un nuevo discurso oficial –difundido por el periódico *La Nación,* las cámaras de empresarios, funcionarios gubernamentales ligados a organismos internacionales, y una serie de instituciones (CINDE, INCAE, Academia de Centroamérica, etc.) fundadas y financiadas por la AID estadounidense– procura identificar los intereses "nacionales" con los intereses de la nueva oligarquía globalizada de empresarios, políticos y tecnócratas, formada al amparo del "ajuste estructural". En el nuevo discurso se exige como imperativo histórico, necesario para superar la crisis y sobrevivir en el nuevo mundo global, "sacrificios" a los trabajadores e "incentivos" para los empresarios; mientras la venta del país –instituciones, patrimonio, tierras, trabajo– en el mercado internacional, pasa a confundirse con el "patriotismo". Los que se resisten a esas formas de globalización son definidos como "grupos de presión" o "antipatriotas" que defienden el "statu quo" (las instituciones públicas o las leyes sociales y laborales creadas bajo el Estado Benefactor) y representan intereses locales o gremiales (los de organizaciones obreras y populares), opuestos a los intereses "nacionales" o "patrióticos", al "cambio" y al "progreso" postulados por la elite oligárquica. La resistencia popular a los términos y consecuencias del "ajuste" es interpretada por la elite en el poder como un problema de "ingobernabilidad", cuya solución legitima la toma de decisiones inconsultas o arbitrarias, el engaño y el autoritarismo. A eso se agrega un uso creciente del doble discurso por parte de la elite política: lo que se dice o promete es un ocultamiento constante de lo que se hace y practica. Por otra parte, los nexos y ramificaciones de la oligarquía entre las cúpulas de los dos partidos políticos oficiales (PUSC-PLN); o el control que ejercen los miembros de la elite sobre los principales medios de información y propaganda –de los que son dueños o socios– les garantiza prácticamente el monopolio del poder político e ideológico, sin que se alteren sin embargo las apariencias formales de una democracia participativa.

La tensión entre los esfuerzos de la elite neoliberal por implantar su proyecto modernizador y las resistencias de las mayorías oprimidas por el "ajuste", genera una pugna cada vez más marcada y aguda en el interior del país: la Costa Rica finisecular tiende a dividirse en dos mundos superpuestos, coexistentes pero radicalmente distintos. Un espacio "privado" –que privilegia la imagen oficial del país– que ofrece bienes y servicios de calidad a un alto precio, solo accesible a la elite, la clase media alta y el turismo extranjero; contrasta con un amplio espacio –semioculto en el discurso oficial– donde los salarios insuficientes, las condiciones de trabajo insatisfactorias, el deterioro o la eliminación de las instituciones y servicios públicos, un sistema impositivo que grava salarios y pensiones pero no grava las ganancias y fomenta la evasión, van delineando un mundo de excluidos o segregados, que ven decrecer su poder adquisitivo, sus esperanzas de mejoramiento y hasta sus posibilidades de sobrevivencia, mientras contemplan con estupor, con rabia o con asco, la prosperidad, la corrupción y la impunidad de la elite.

El monopolio del poder, la riqueza, el cinismo, la corrupción y la impunidad de los de arriba, contrasta con el sentimiento de deterioro, malestar, impotencia y enajenación de los de abajo. La ausencia de una opción alternativa al espectáculo de un país agobiado por una deuda impagable y un deterioro vertiginoso, al que las relaciones de poder mundial, así como los grupos dominantes y los políticos criollos –los mismos que contrajeron la deuda o se beneficiaron con ella– ofrecen como única solución el "sacrificio" o la venta del país con ellos como intermediarios, refuerzan el sentimiento de enajenación, la sensación de vivir como un desterrado en su propia patria, el rechazo con respecto a los que ejercen el poder y al nuevo orden social en construcción. La visión crítica –que en ocasiones asume un humor corrosivo y una deconstrucción satírica o paródica de los discursos oficiales– y el desencanto, son la tónica dominante en la literatura de los autores que se inician a partir de 1980, característica que asumen también textos de autores de la promoción anterior que se publican en estos años.

La década de 1980 marca el ingreso de una nueva promoción de escritores donde figuran, entre otros, los narradores: Linda Berrón (1951), Ana Cristina Rossi (1952), Hugo Rivas (1954-1992), Rodolfo Arias (1956), José Ricardo Chaves (1958), Dorelia Barahona (1959), Carlos Cortés (1962), Rodrigo Soto (1962), Fernando Contreras (1963); los poetas: Osvaldo Sauma (1949), Carlos Francisco Monge (1951), Lil Picado (1951), Mía Gallegos (1953), Miguel Fajardo (1956), Ana Istarú (1960), Guillermo Fernández (1962), José María

Zonta (1962), Carlos Cortés (1962); los dramaturgos: Juan Fernando Cerdas (1950), Miguel Rojas (1952), Leda Cavallini (1956) y Lupe Pérez (1922), Víctor Valdelomar (1957), Melvin Méndez (1958), Guillermo Arriaga (1960), Ana Istarú (1960), Jorge Arroyo (1964). A esa lista se pueden agregar dos autores que por sus fechas de nacimiento deberían ser ubicados dentro de la promoción anterior, pero que por las fechas de publicación y las características de sus textos se acercan a esta última: Tatiana Lobo (1939) y Rafael Ángel Herra (1943).

La crisis de 1980 y las vertiginosas transformaciones históricas y culturales reseñadas anteriormente, unidas al interés por la revisión de la historia que despertó la conmemoración del V centenario del "descubrimiento" de América, generaron en Costa Rica –al igual que en el resto de Hispanoamérica– una extraordinaria proliferación de la novela y el drama históricos. Este interés convoca tanto a autores experimentados como a debutantes. La nueva novela histórica costarricense –como su homóloga latinoamericana– se preocupa por ofrecer una reinterpretación crítica de la historia oficial recurriendo a épocas y procedimientos narrativos muy diversos, desde el realismo tradicional hasta recursos innovadores que combinan el dato histórico y el elemento fantástico; que introducen mitos, creencias y leyendas populares; recogen la visión de las culturas indígenas, afrocaribeñas o marginales; juegan –por medio de anacronismos, mezclas discursivas o reversiones paródicas– con la desacralización de los mitos y discursos oficiales. *Los molinos de Dios* (1992) de Cañas –la más tradicional de estas novelas– ofrece una saga épica de los cafetaleros desde una visión de la historia cercana a la de Facio y Monge. *Tenochtitlan* (1986) de Sánchez ofrece una narración de la conquista de México que recupera el punto de vista y la percepción de los aztecas; *Campanas para llamar al viento* (1987), del mismo autor, explora la colonización española de

California. *El pavo real y la mariposa* (1996) de Chase desmitifica la visión idealizada y arcádica de la época liberal, recuperando las tensiones y enfrentamientos que cruzaban la vida doméstica, cultural y política del período. *Las estirpes de Montánchez* (1992) de Durán Ayanegui es un texto complejo que desarrolla dos historias paralelas, con personajes que se desdoblan y cambian de identidad, saltos espacio-temporales, anacronismos y una mistificación constante de fechas y datos históricos, para ofrecer la imagen de un país latinoamericano cuya historia está marcada por la enajenación, el enmascaramiento de las identidades y el hundimiento en una violencia autodestructora. Descuella en el campo de la narrativa histórica la escritora Tatiana Lobo, quien sorprendió con una primera novela excepcional: *Asalto al paraíso* (1992). Cartago y Talamanca, el Valle Central y el Caribe se convierten, mediante una innovadora utilización del tópico del viaje iniciático y la transgresión de fronteras, en representación simbólica del encuentro entre diversas opciones culturales y vitales –el principio masculino y racional junto con el principio femenino y pulsional; la razón occidental y la vivencia mítica aborigen– que dialogan en la conciencia del protagonista Pedro Albarán. La novela, que tiene como fondo la sublevación indígena de Presbere en 1709, rompe también con la visión idealizada y bucólica de la Colonia como origen de la "democracia rural" y del mundo de "labrantines", pacífico, igualitario y armonioso, que proclamaba la historia oficial. Su segunda novela *Calypso* (1996) explora también los alcances del diálogo interétnico e intercultural, a través de varias generaciones de dos núcleos familiares –uno blanco, otro negro– en un pueblo costero del Caribe; personajes y pueblo se van formando y transformando en contacto con los vertiginosos cambios históricos del siglo XX.

Gran parte de la producción narrativa de fin de siglo se construye como reacción crítica a los procesos de desintegración social, descomposición moral y corrupción generalizada que se dan en el país a partir de 1980. Diversos aspectos, como las estrategias revolucionarias o contrarrevolucionarias, la venta o la entrega del país, la corrupción y la hipocresía políticas, el periodismo venal, el lavado de dinero y el narcotráfico, la marginación cultural y social, la destrucción ecológica, el contraste entre las apariencias que se muestran y la realidad que se oculta o se niega, son tratados desde diversas ópticas ideológicas y diversos procedimientos narrativos en una amplia gama de textos. Un grupo, más cercano al realismo social, al testimonio y la denuncia, está conformado por novelas como *La luna de la hierba roja* (1984) de Sánchez, *Los sonidos de la aurora* (1991) de Carlos Morales, *La loca de Gandoca* (1992) de Rossi, *Retrato de mujer en terraza* (1995) de Barahona.

Los comportamientos culturales y discursivos de la clase media y los estratos marginales se exploran en algunas novelas de Rodolfo Arias y Sergio Muñoz. *El Emperador Tertuliano y la legión de los superlimpios* (1992) de Arias juega hábilmente con un lenguaje narrativo que parodia el punto de vista y los discursos –cargados de muletillas verbales, eslóganes comerciales, dialectos populares y fórmulas burocráticas– de sus personajes para ofrecer una visión entre humorística y patética de las aspiraciones y esperanzas, carcomidas por la crisis, las limitaciones y la pobreza de perspectivas, de los oficinistas y empleados públicos. La exploración de los sueños consumistas y la enajenación de la clase media se continúa en la segunda novela del mismo autor, *Vamos a Panamá* (1997). *Los dorados* (1999) de Sergio Muñoz explora el mundo y el lenguaje de los excluidos y marginados, sus estrategias de autoafirmación y sobrevivencia, sus esfuerzos por afirmar la dignidad, el amor o la esperanza en un mundo dominado por la miseria, cuyas únicas perspectivas parecen ser la violencia, el crimen, la droga y la prostitución.

Otro grupo recurre a procedimientos narrativos como la deformación carnavalesca, las inversiones o reversiones paródicas, las metamorfosis y desdoblamientos, el humor grotesco, la farsa, la caricatura y el esperpento, para ofrecer –como en un espejo distorsionado– la imagen de un mundo dislocado, en deterioro y descomposición, donde las fantasías –que remiten a ilusiones utópicas de personajes enajenados o revolucionarios desengañados– o las apariencias –que remiten a las representaciones oficiales de un país excepcional o de un pasado venerable de gobiernos patriarcales que velan por la paz, la democracia y el progreso– se contraponen a una realidad enmascarada por el lugar común y la estulticia, o a un mundo anómalo y deforme, clandestino o marginal, regido por la exclusión, la represión y la violencia, el trastrueque de identidades y la enajenación.

Mundicia (1992), "farsa épica" de Soto –cuyo título remite a la asociación inmundicia/tiquicia–, rebaja y revierte en forma paródica y grotesca los estereotipos oficiales que privilegian la "excepcionalidad" del país. En *Única mirando al mar* (1993) de Contreras, el basurero de Río Azul se convierte en símbolo de un país que excluye como basura desechable objetos de consumo y seres humanos. La humanidad y solidaridad de los "buzos" que viven en el basurero, contrasta con la inhumanidad y destructividad del mundo que los margina: los sujetos "normales" que viven bajo las normas de la "civilización" y el "progreso". En *Los Peor* (1995), segunda novela de Contreras, una antigua casa, convertida ahora en prostíbulo, esconde en sus cimientos las reliquias olvidadas y ocultas de la gesta heroica de 1856. El personaje central es un cíclope, producto de mutaciones debidas al uso de agroquímicos, y la imagen de la ciudad se construye mediante la superposición de tiempos históricos y culturales. El mundo moderno –un San José esperpéntico y contaminado, habitado por "chapulines" –se mezcla con referencias mitológicas, clásicas, medievales o renacentistas y con la imagen –que solo los ciegos o locos ven– del mítico San José de la época liberal, anterior al proyecto modernizador de la "Segunda República". *Cruz de olvido* (1999) de Cortés, toma como protagonista un revolucionario desengañado y construye también la imagen de un San José grotesco y siniestro, donde las referencias que remiten a figuras y lugares familiares y fácilmente ubicables para el lector, solo aparecen en el texto como el residuo apenas reconocible de otro mundo, un mundo subterráneo desfigurado por el mal, la corrupción, el terror y la violencia.

Recursos formales "posmodernos" semejantes a los que utilizan algunos de los textos mencionados, aunque aplicados a contenidos muy diversos, alejados de toda referencia a la realidad costarricense, utilizan los relatos y novelas de Herra, *La guerra prodigiosa* (1986), *El genio de la botella* (1990), *Viaje al reino de los deseos* (1992). Estos textos juegan profusamente con la intertextualidad y los anacronismos, las referencias a otros textos y discursos que van desde *La Biblia* y las mitologías clásicas a la literatura fantástica y la ciencia-ficción contemporáneas, para poner en evidencia el carácter convencional de toda representación de la realidad, incluyendo su propia escritura.

Un numeroso grupo de novelas de estos años desarrolla la temática, introducida en las décadas anteriores por Chase y Hurtado, del joven en busca de su identidad o su integración conflictiva a un mundo social, cuya imagen se va tornando en muchos de estos textos cada vez más ominoso, ajeno y hostil, como en relatos y novelas de Soto (*Mitomanías*, 1983; *La estrategia de la araña*, 1985; *La torre abolida*,

1995; *Dicen que los monos éramos felices*, 1996) o Rivas (*Esa orilla sin nadie*, 1988). Predomina en estas novelas el tema de la incomunicación, la soledad y el aislamiento: los personajes deambulan en un mundo que no les ofrece asidero ni respuesta; toda relación se vuelve conflictiva y dolorosa y los personajes desembocan con frecuencia en el suicidio o la muerte. En algunos textos de autores nacidos en la década de 1950 se hace alusión explícita a las luchas, discusiones y acontecimientos que marcaron las utopías juveniles de los 60 y 70, especialmente a las legendarias manifestaciones contra ALCOA en abril de 1970. Estos relatos adquieren un formato testimonial donde se rememora –entre la nostalgia y el desencanto– el aprendizaje erótico, social y político de los jóvenes, cuyas rupturas y rebeldías emergentes se afirman con dificultad en medio de las costumbres y valores conservadores dominantes. El erotismo juega en muchos de estos relatos un papel central, relacionado casi siempre con los proyectos de emancipación y rebelión utópica de los protagonistas contra el orden social establecido. En este grupo se podrían incluir obras como *La huella de abril* (1989) de Alicia Miranda, *De qué manera te olvido* (1990) de Dorelia Barahona, *Historias de un testigo interior* (1990) de Rosibel Morera, *Los ojos del antifaz* (1998) de Adriano Corrales, *Desconciertos en un jardín tropical* (1998) de Magda Zavala. En muchas de estas novelas destaca el esfuerzo por incorporar en el texto los discursos y culturas (formas coloquiales, argots juveniles o populares, terminología académica y revolucionaria, la cultura popular y de masas) propios de la juventud universitaria y revolucionaria de los años 70 y principios de los 80. En algunos de esos textos las protagonistas son mujeres y su experiencia se convierte también en un estudio de las relaciones de género y una denuncia del patriarcalismo. Las relaciones de género y la temática femenina se explora intensamente también en la obra narrativa –ya mencionada– de Lobo, de Berrón (*La última seducción; El expediente*, 1989; *La cigarra autista,* 1992) y de Rossi (*María la noche*, 1985; *La loca de Gandoca*, 1992; *Situaciones conyugales*, 1993).

María la noche de Rossi recoje en una compleja novela muchas de las preocupaciones ideológicas y estéticas de esta promoción. La novela, ubicada en Londres, alterna los monólogos de dos personajes contrapuestos: Antonio, académico español, representa el aspecto masculino, lógico y racional; Mariestela, exestudiante "tropical" costarricense, representa el aspecto femenino, vivencial y pulsional. En las relaciones entre los personajes se explora el viejo problema de la relación entre lo "propio" y lo "ajeno", lo nacional y lo cosmopolita; en Mariestela, además, se contraponen dos ámbitos sociales y culturales: San José y el Valle Central, la Costa Rica oficial y "civilizada", se opone al Caribe, la parte oculta, vital y pulsional, de la misma forma que la familia y el orden social convencionales, se oponen a las experiencias de la juventud "hippie", transgresora y anticonvencional de los setenta. La ruptura con las represiones y tabúes sexuales, paralela a la ruptura con el discurso lógico y convencional, se corresponde en el texto con la búsqueda de un nuevo lenguaje, nuevas formas de explorar la realidad o de comunicarse consigo mismo y con el mundo. El discurso narrativo además varía desde la discusión casi ensayística de teorías económicas y epistemológicas, hasta la evocación casi lírica de experiencias y paisajes; al mismo tiempo mantiene al lector en una ambigüedad constante entre diversos planos de la realidad, el presente y el pasado, lo vivido y lo evocado, el sueño, la fantasía o la alucinación. Tanto en la novela de Rossi como en relatos y novelas de Uriel Quesada y J. R. Chaves (*Los susurros de Perseo,* 1994; *Paisaje con tumbas pintadas en rosa*, 1998) se explora también uno de los temas que habían permanecido más censurados en la literatura costarricense: el de las relaciones homoeróticas, que en la última novela citada se enmarcan en el ambiente de temor, segregación e intolerancia provocada por el advenimiento del SIDA en los años 80.

Crece en todos estos textos el sentimiento de enajenación del sujeto con respecto a un mundo que se percibe como ajeno, ominoso y hostil. El mundo social se percibe cada vez menos como un orden inteligible o modificable; se torna grotesco o absurdo, amenazante o siniestro: adquiere los contornos de una pesadilla, un laberinto, un caos, una realidad ajena a toda comprensión o sentido. La sensación de extrañeza, exilio o enajenación con respecto al mundo, se fortalece en los textos mediante la presencia de personajes que se perciben como seres anómalos, marginados o excluidos del orden o la normalidad, como desecho, loco, delincuente, monstruo, animal o planta. De aquí el recurso frecuente en estos textos a los desdoblamientos y las metamorfosis: personajes enajenados que pierden su identidad, y situaciones donde se borran los límites entre fantasía y realidad, normalidad y anormalidad, ser humano, monstruo, animal o vegetal.

En términos generales, en la narrativa de este período se continúa el proceso –perceptible desde los años 60– de creciente internalización de las instancias de dominio y enajenación; la tendencia a trasladar la fuente de los conflictos, desde un mundo social que se percibía como "exterior", a la propia subjetividad de los personajes, con la consiguiente disolución de las fronteras entre "interioridad" y "exterioridad", entre subjetividad y orden social o entre las representaciones y la "realidad". Este fenómeno abarca también la problemática de la comunicación, incluyendo la propia comunicación literaria y las relaciones entre sujetos, lenguajes y representaciones; de aquí la presencia frecuente en estos textos de recursos como la ironía, la parodia, el juego o la experimentación con registros o tradiciones literarias, discursivas o culturales heterogéneas y disímiles, recursos que ponen en evidencia el carácter convencional de su propia escritura, generan ambigüedad e incertidumbre en la interpretación del texto y exigen, por lo tanto, un lector que participe activamente en la construcción de sus posibles significados.

El teatro costarricense de las dos últimas décadas del siglo sufre –en comparación con el auge de los setenta– un período de crisis y decaimiento. En este fenómeno el factor más determinante es la crisis, que encarece los montajes y reduce las posibilidades de los estratos populares para costear el precio del boleto; por otra parte, el "ajuste estructural" acaba con las políticas estatales de promoción e incentivos a la producción teatral. A partir de 1980 el Ministerio de Cultura ve reducido paulatinamente su presupuesto y poco a poco pierde su función de gestor cultural, para convertirse en un cascarón burocrático; la Compañía Nacional de Teatro pierde su elenco estable y abandona su política de giras a provincias y comunidades; los subsidios a grupos independientes se reducen paulatinamente hasta desaparecer por completo; muchos de los grupos permanentes se disuelven o se reducen a pequeños núcleos de dos personas que montan preferentemente monólogos; una gran parte de los productores, administradores o dueños de salas modifican sus repertorios con una clara tendencia hacia el teatro comercial y el sainete chabacano de risa fácil y equívocos sexuales. Finalmente, las transformaciones políticas producidas por el derrumbe del llamado "socialismo real", provocan también un desconcierto ideológico que obliga a reconocer las limitaciones o la ingenuidad de muchos de los antiguos planteamientos que guiaron el esfuerzo por hacer un teatro revolucionario y popular en los 70.

En este contexto empieza a gestarse a partir de 1980 una nueva dramaturgia que reformula, adaptándose a la nueva situación, las principales preocupaciones de los años anteriores. Al igual que en la narrativa, una de las constantes de la dramaturgia de estos años es la indagación en los hechos históricos del pasado, como un recurso para reflexionar sobre aspectos conflictivos de la identidad y la idiosincracia costarricenses, o sobre la crisis histórica del presente. *1856* (1984) de Cerdas y Pagura, sobre la gesta de ese año contra los invasores estadounidenses dirigidos por William Walker, o *Juana de Arco* (1986) de Cerdas, sobre la resistencia de la heroína epónima a los invasores ingleses, son obras que recurrían a la representación de conflictos del pasado para establecer un paralelo con la crisis de identidad y soberanía nacionales, en una época dominada por la intervención económica, política y militar de los Estados Unidos y los organismos financieros internacionales. En el mismo sentido apuntaban *Los nublados del día* (1985) y su secuela *Armas tomar* (1998), de Rojas, que indagan en los conflictos ideológicos y militares que siguieron a la declaración de la independencia en 1821, en busca de una tradición que permitiera orientarse en el desconcierto belicista de los 80. La obra *Pancha Carrasco reclama* (1988), de Pérez y Cavallini, es una obra documental que reconstruye en escena la indagación de las autoras en la biografía de una mujer del siglo pasado, en un intento por reconstruir los conflictos de la época y las luchas de la mujer por afirmarse como sujeto social. El mismo propósito desmitificador y de denuncia aparece en otras obras que utilizan hechos o referencias históricas más recientes, como la ya mencionada *El martirio del Pastor* de Rovinski, o *Última noticia* (1984) de Arriaga que denuncia la manipulación de los medios informativos costarricenses durante la guerra en Nicaragua. Las últimas obras de Arriaga, como *Límite de velocidad* (1990) o *Desempleo (*1993), se orientan hacia el teatro del absurdo para explorar los conflictos provocados por la incomunicación, la alienación, la manipulación y el consumismo en la cultura moderna.

Otra vertiente es la representación de conflictos relacionados con la represión o la marginación de obreros, campesinos, mujeres y hombres del pueblo. Esta línea retoma el interés por la vida popular del costumbrismo tradicional, desde una perspectiva y con un propósito opuestos. Mientras el primero tendía a una representación de los personajes y las costumbres populares como objetos pintorescos o divertidos enfocados desde géneros satíricos o humorísticos, estas obras tienden a convertirlos en sujetos dramáticos, que buscan sus propias formas de expresión e identidad y que elaboran sus estrategias de lucha o solidaridad, en un mundo hostil que los excluye o los margina. En esta línea se ubica *Como semill'e coyol* (1982) de Valdelomar, obra que plantea los conflictos provocados por la expropiación del campesino y la migración del campo a la ciudad, tratados con crudeza y lirismo, y con gran sensibilidad para los diversos registros del habla y la vida populares. Estos mismos rasgos caracterizan también las obras de Méndez, *Meteme el hombro* (1988), *San Zapatero* (1988) o *Eva sol y sombra* (1989), textos que buscan la solidaridad en la marginación, con un lenguaje popular y poético, donde lo fantástico o lo extraordinario surge de lo cotidiano y sirve para hacer evidentes los conflictos ocultos por la dominación y la costumbre. *Ellas en la maquila* (1985), obra documental de Pérez y Cavallini, ofrece un cuadro de la vida y luchas de las obreras en las fábricas de maquila textil. Más en la línea tradicional del sainete costumbrista, pintoresco y divertido, están las obras de Arroyo *L'ánima sola de Chico Muñoz* (1985), *Con la honra en el alambre* (1986), *La tertulia de los espantos* (1997). Sin embargo, otros textos de este autor como *Mata Hari* (1996) o *Azul Marlene* (1997) intentan un viraje hacia un teatro más reflexivo y existencial.

Otra línea temática que se emparienta con la vertiente del teatro de denuncia –y con textos narrativos mencionados más arriba– es la que trata el tema de la marginación o la represión de la mujer en una sociedad patriarcal, línea que cruza las ya mencionadas *Eva sol y sombra* de Méndez, *Ellas en la maquila* o *Pancha Carrasco reclama* de Pérez y Cavallini, así como *Reflejo de sombras* (1995) de Arnoldo Ramos, *Olimpia* (1997) de Linda Berrón y toda la obra dramática de la actriz y poeta Ana Istarú: *El vuelo de la grulla* (1984), *Madre nuestra que estás en la tierra* (1988), *Baby boom en el paraíso* (1996).

Otros textos de Cerdas, en colaboración con Rubén Pagura, procuran la incorporación de géneros populares o farsescos, la tradición oral, diversas técnicas de distanciamiento, elementos del "teatro pobre", en una búsqueda donde se aúne la tradición popular con géneros y formas de los modernos medios de comunicación: *¿Qué te pasa con el disco?* (1978), *1856* (1984), *La historia de Ixquic* (1990), *Memorias del ombligo del mundo* (1992), *Culopatía de Estado* (1997), ofrecen distintas facetas de este esfuerzo. Los mismos elementos y búsquedas, aunque sin la preocupación política y social anterior, aparecen también en el último montaje de Cerdas, *La mujer en las dunas* (1999).

Como en la narrativa y el teatro, también en la lírica se mitiga o desaparece, en la década de 1980, el optimismo histórico, las esperanzas utópicas o el énfasis revolucionario que había caracterizado gran parte de la poesía publicada en las décadas de 1960 y 1970. Al igual que en los otros géneros literarios también en la producción poética la rebeldía se ve matizada por el escepticismo y el desconcierto; la afirmación y el entusiasmo se tiñen de ironía o incertidumbre. Tampoco es posible percibir la presencia de una figura significativa y aglutinante como lo fue la figura de Debravo para la generación anterior. Quizá sea a los jóvenes poetas de fin de siglo a los que mejor calza el término de "generación dispersa" que se ha venido aplicando recurrentemente a casi todas las promociones poéticas costarricenses desde mediados de siglo.

La mayoría de estos poetas exploran las búsquedas formales y algunos de los núcleos temáticos frecuentes en los poetas de las década de 1950 y principios de 1960 de la promoción anterior, más herméticos e intimistas que los poetas de la línea de Debravo y del decenio de 1970. Se retoma la constante reflexión sobre el malestar del sujeto en el mundo moderno, sujeto a la incertidumbre, el cambio acelerado y desconcertante, la crisis de identidad, la inestabilidad o la disgregación. Se acentúa la conciencia de crisis en la relación del sujeto con el orden social en el que se encuentra inmerso, o con el movimiento y el sentido de la historia o la fe en el progreso; las referencias a la realidad se cargan de metáforas e imágenes que remiten a un mundo dominado por el absurdo y el sinsentido, nexos casuales e intrascendentes, relaciones insatisfactorias y precarias. Al igual que sucedía con algunos de los poetas de la generación anterior, muchos de estos poetas recurren al prosaísmo, la oralidad y el coloquialismo, las citas de los estribillos o letras de las canciones populares, los juegos paródicos que deconstruyen las fórmulas de los discursos comerciales o de los lugares comunes, las muletillas y frases hechas del lenguaje consuetudinario, como una forma de subrayar la incomunicación, la enajenación, el peso de la trivialidad y la banalidad en el mundo urbano moderno, donde el sujeto se pierde entre el anonimato, la masificación o la manipulación que ejercen el mercado y la propaganda comercial o la cultura de masas y los medios de información, al imponer sus modas, sus entretenimientos, sus maneras de percibir, imaginar y modelar una realidad que se torna cada vez más fluida e inconsistente.

En algunos casos el malestar con respecto a la difícil comunicación del sujeto con el mundo y el tema de la incomunicación, se asocian a la reflexión sobre la condición efímera del ser y de la palabra poética; la difícil situación del poeta en el mundo moderno o la dificultad de un arte que procura expresar lo inefable. En estos casos el texto poético se convierte en una reflexión sobre sí mismo: exhibe las condiciones que hacen posible su propia producción, hace consciente al lector del carácter convencional de la misma escritura y comunicación poética y lo convierte en partícipe o cómplice obligado a completar el sentido del poema o a participar activamente en su desciframiento. El poema se carga de referencias intratextuales o intertextuales: se estructura a veces como variaciones o acercamientos sobre un mismo verso o un mismo tema, establece referencias cruzadas en distintos puntos del poema, o bien remite a complejas referencias mitológicas o legendarias, o se estructura como un diálogo con otros textos poéticos y literarios, tanto extranjeros como nacionales.

La problemática política y social que era uno de los temas centrales en la producción lírica de los 70, al finalizar el siglo se ve sustituida en la preferencia de los poetas por la reflexión intimista, mas bien individual y existencial. La temática sobre el erotismo y la vida cotidiana que en la lírica de los 70 apuntaba al rompimiento revolucionario con un orden social identificado con el sistema capitalista y las relaciones mercantiles, o a la posibilidad de irrupción utópica de nuevas formas de vida o de convivencia, en la mayor parte de los autores jóvenes remite mas bien a la experiencia de la angustia, la incomunicación, la soledad y la insatisfacción.

Excepcional en varios sentidos es la poesía de Ana Istarú, que en *Estación de fiebre* (1983) trata de manera innovadora, transgresora y desinhibida el tema erótico y el tema de la sexualidad femenina, liberada de las constricciones de la moralidad y el orden social patriarcales. La ruptura con los fuertes tabúes que inhibieron la escritura poética costarricense sobre el erotismo y la sexualidad, había tenido ya sus primeras manifestaciones en la poesía de Odio, Antillón o Grutter, entre las mujeres, y especialmente en Debravo (*Devocionario del amor sexual*, 1969) o Azofeifa (*Cima del gozo*, 1974). En ninguno de los poetas anteriores, sin embargo, la expresión de la sexualidad, el goce del cuerpo, o la afirmación de la mujer como pleno sujeto erótico en abierto diálogo sexual con el hombre, se dio de la manera tan transgresora y original, en la temática y en la forma, como en el texto de Istarú.

El poemario se organiza en tres partes, que remiten a diferentes momentos del encuentro sexual entre un hombre y una mujer: acercamiento, clímax y separación. El amor es en el texto exploración y goce de los cuerpos; rechazo del código patriarcal de relación entre los géneros; afirmación de la vida y enriquecimiento de la experiencia humana, en contraposición a los límites estrechos impuestos al goce de los sentidos, al placer y la espontaneidad desinhibida, por los tabúes, restricciones y represiones impuestos por la moral y las costumbres sociales. La asociación entre erotismo y vitalidad se refuerza mediante la combinación de términos biológicos que remiten al cuerpo o la anatomía masculina y femenina, con vocablos que remiten a la naturaleza, lo elemental o vital, así como el papel preponderante que ocupa en el texto la experiencia sensorial: vista, olfato, oído, tacto, gusto. La poesía de Istarú se destaca también por la habilidad para combinar diversos discursos y diversas tradiciones literarias. En el vocabulario poético-erótico se combinan audazmente la tradición bíblica (*El cantar de los cantares*), la tradición de la mística española del siglo de oro (Juan de la Cruz) y la poesía erótica contemporánea (incluyendo la costarricense de Antillón, Debravo y Azofeifa) o la reciente literatura femenina. Por otra parte, la producción lírica de Istarú, que en otro poemario

(*Verbo madre,* 1996) continúa su exploración del universo femenino, ahora alrededor del tema de la maternidad, es una de las pocas de este fin de siglo en donde predomina la afirmación vital y el entusiasmo sobre la incertidumbre, la desilusión y el desencanto.

Bibliografía comentada

El texto clásico que ofrece una primera versión comprensiva y sistemática de la literatura costarricense es, sin lugar a dudas, *la Historia de la literatura costarricense* de Abelardo Bonilla cuya segunda edición definitiva se publicó en 1967. La corriente costumbrista se estudia con amplitud en *El costumbrismo en Costa Rica* (1966) de Margarita Castro Rawson. Un primer intento de historia social de la literatura costarricense se encuentra en *Para una nueva interpretación de la literatura costarricense* (1979) de Jorge Valdeperas. Una visión comprensiva, actualizada y novedosa, de la historia literaria nacional se puede encontrar en *100 años de literatura costarricense* (1995) de Margarita Rojas y Flora Ovares. Los presupuestos ideológicos y epistemológicos de la crítica costarricense se estudian en el sugerente trabajo de Manuel Picado *Literatura/ideología/crítica* (1983). Las revistas literarias y culturales de principios de siglo se estudian en *Literatura de kiosko* (1994) de Flora Ovares. Importantes trabajos, que abarcan desde diversas perspectivas aspectos varios de la literatura nacional, se encuentran en el número especial, preparado por Juan Durán Luzio, de la prestigiosa *Revista Iberoamericana* (Nº 138-139, 1987), dedicado a la literatura de Costa Rica. La literatura de los últimos años se analiza brillantemente en los artículos de C. F. Monge, F. Ovares, M. Rojas y T. Fernández, dedicados respectivamente al ensayo, la narrativa, el teatro y la poesía costarricenses, en la revista española *Espejo de paciencia* (Nº 2, 1996).

De los géneros literarios, el que ha sido más estudiado es la narrativa. Varios trabajos recientes ofrecen enfoques novedosos sobre diversos aspectos del desarrollo de ese género: *La casa paterna. Escritura y nación en Costa Rica* (1993) de F. Ovares, M. Rojas, C. Santander y M.E. Carballo; *La narrativa socialrealista en Costa Rica 1900-1950* (Dinamarca, 1990) de Claudio Bogantes-Zamora; *La formación de la narrativa nacional costarricense (1890-1910)* (1986), *La voz desgarrada* (1988) y *Uno y los otros. Identidad y literatura en Costa Rica (1890-1940)* (1998) de Alvaro Quesada Soto. También es útil la extensa introducción de Alfonso Chase a su antología *Narrativa contemporánea de Costa Rica* (1975, Tomo I, p. 17-152). El autor más estudiado es, sin lugar a dudas, Yolanda Oreamuno, a la que se han dedicado excelentes trabajos: *Una escritora costarricense: Yolanda Oreamuno* (Madrid, 1968) de Victoria Urbano, *La ruta de su evasión de Yolanda Oreamuno* (1978) de Manuel Picado, *La narrativa de Yolanda Oreamuno* (1995) de Rima de Vallbona, *Espíritu en carne altiva* (1997) de Emilia Macaya.

Sobre la lírica costarricense, mucho menos estudiada, los principales trabajos son la *Evolución de la poesía costarricense* (1978) de Alberto Baeza Flores y, sobre todo, los rigurosos trabajos de Carlos Francisco Monge: *La imagen separada* (1984), su artículo "La escritura: pasión de la historia. La poesía contemporánea de Costa Rica" (*Revista Iberoamericana*, Nº 138-139, 1987), y la introducción de su *Antología crítica de la poesía de Costa Rica* (1992).

El género dramático ha sido también poco estudiado. Aparte del trabajo, más bien informativo y anecdótico, de Fernando Borges *Historia del teatro en Costa Rica* (1942, reeditado en 1980 como *Teatros de Costa Rica*), la única historia rigurosa del teatro costarricense de la primera mitad del siglo es *En el tinglado de la eterna comedia* (1995, 2 tomos) de M. Rojas, F. Ovares, A. Quesada y C. Santander. El artículo "Dramaturgia costarricense" (*Revista Iberoamericana*, Nª 138-139, 1987) de Virginia Sandoval de Fonseca ofrece una visión panorámica del desarrollo de la dramaturgia nacional. Para el estudio del teatro contemporáneo es útil el libro de Guido Fernández *Por los caminos del teatro en Costa Rica* (1977), así como la colección de la revista *Escena,* que se publica desde 1977 y contiene amplios y valiosos materiales. También contiene información útil el apartado sobre "Costa Rica" en el libro *Escenarios de dos mundos* (Madrid, 1986, Tomo I) y el volumen antológico *El teatro de hoy en Costa Rica* (1973) de A. Herzfeld y T. Cajiao.

Sobre el ensayo, los principales trabajos son *Trinchera de ideas. El ensayo en Costa Rica (1900-1930)* (1986) de F. Ovares y H. Vargas, y la introducción a la antología *Ensayistas de Costa Rica* (1971) de Luis Ferrero.

Además de las ya clásicas antologías de la literatura costarricense, debidas a Rogelio Sotela *Escritores (y poetas) de Costa Rica* (varias ediciones publicadas entre 1923 y 1942), y Abelardo Bonilla, *Antología de la literatura costarricense* (1961), se han publicado varias antologías en las últimas décadas que abarcan todos los géneros; todas ellas cuentan con útiles introducciones y bibliografías. En narrativa: *El cuento en Costa Rica* (1964) de Elizabeth Portuguez de Bolaños, *El cuento costarricense* (México, 1964) de Seymour Menton, *Narrativa costarricense contemporánea* (1975, 2 tomos) de A. Chase y *Antología del relato costarricense (1890-1930*) (2ª ed., 1996) de A. Quesada. En lírica: *Poesía contemporánea de Costa Rica* (1973) de Carlos Rafael Duverrán y *Antología crítica de la poesía de Costa Rica* (1992) de C.F. Monge. En teatro: *Antología del teatro costarricense (1890-1950)* (1993) de A. Quesada, F. Ovares, M. Rojas, C. Santander y *El teatro de hoy en Costa*

Rica (1973) de A. Herzfeld y T Cajiao. En ensayo: *Ensayistas de Costa Rica* (1971) de L. Ferrero.

Dos trabajos bibliográficos pueden ser útiles para ubicar textos, autores y referencias bibliográficas: *Bibliografía selectiva de la literatura costarricense* (1978) de Ch. L. Kargleder y W.H. Mory, y *Bibliografía de la literatura costarricense (1890-1940)* (1995) de A. Quesada.

Sobre historia general de Costa Rica, el interesado puede consultar dos trabajos recientes, breves y actualizados: *Historia de Costa Rica* (1997) de Iván Molina y Steven Palmer y *Breve historia contemporánea de Costa Rica* (México, 1997) de Héctor Pérez Brignoli.

Bibliografía adicional

Acuña, Víctor Hugo. *Los orígenes de la clase obrera en Costa Rica: las huelgas de 1920 por la jornada de ocho horas.* San José: CENAP-CEPAS, 1986.

De la Cruz, Vladimir. *Las luchas sociales en Costa Rica.* San José: Editorial Costa Rica / Editorial de la Universidad de Costa Rica, 1980.

Los mártires de Chicago y el 1º de mayo de 1913. San José: Editorial Costa Rica, 1985.

Fallas Monge, Carlos Luis. *El movimiento obrero en Costa Rica 1830-1902.* San José: EUNED, 1983.

Lyra, Carmen. *Relatos Escogidos* (Selección y prólogo de Alfonso Chase). San José: Editorial Costa Rica, 1977.

Oliva Medina, Mario. *Artesanos y obreros costarricenses.* San José: Editorial Costa Rica, 1985.

Edición aprobada por la Gerencia en concordancia con el artículo 11 de la sesión N° 2167 del Consejo Directivo de la Editorial Costa Rica.
Impreso en papel bond y cartulina barnizable,
en el Sistema Editorial de Difusión Científica de la Investigación,
Editorial UCR, Sección de Impresión, en el 2010.

ESTA OBRA FUE IMPRESA EN EL EQUIPO LITOGRÁFICO
DONADO POR EL GOBIERNO DE JAPÓN
A LA EDITORIAL COSTA RICA.

2134 Ford Pkwy

651 366 1100

651768
23
41

Suss

Finn St

Ford Pkwy
2120 W

Lund